Mandalas de Animales

Volumen 1

ediciones rodeno

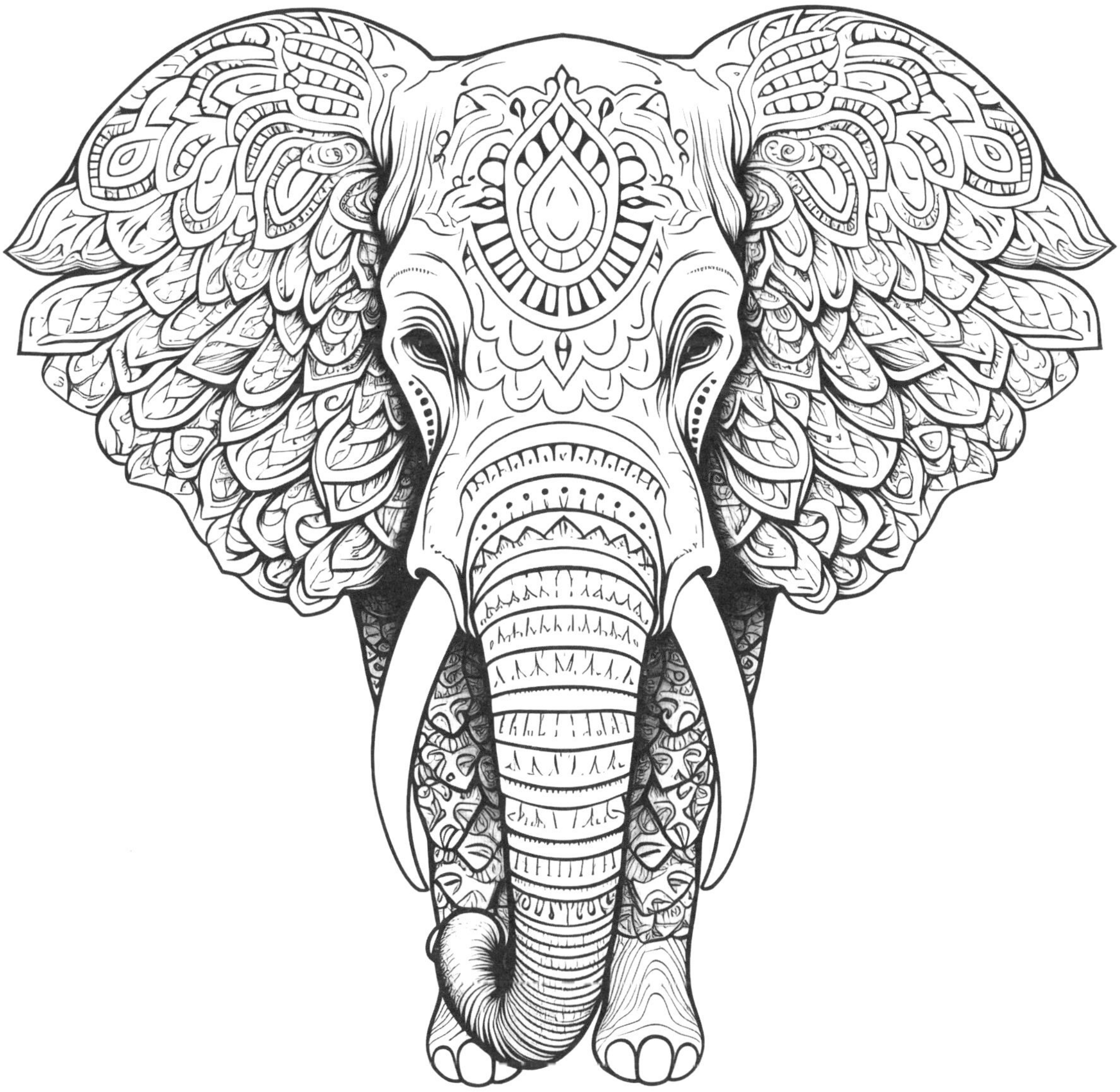

LIBRO DE COLOREAR PARA ADULTOS

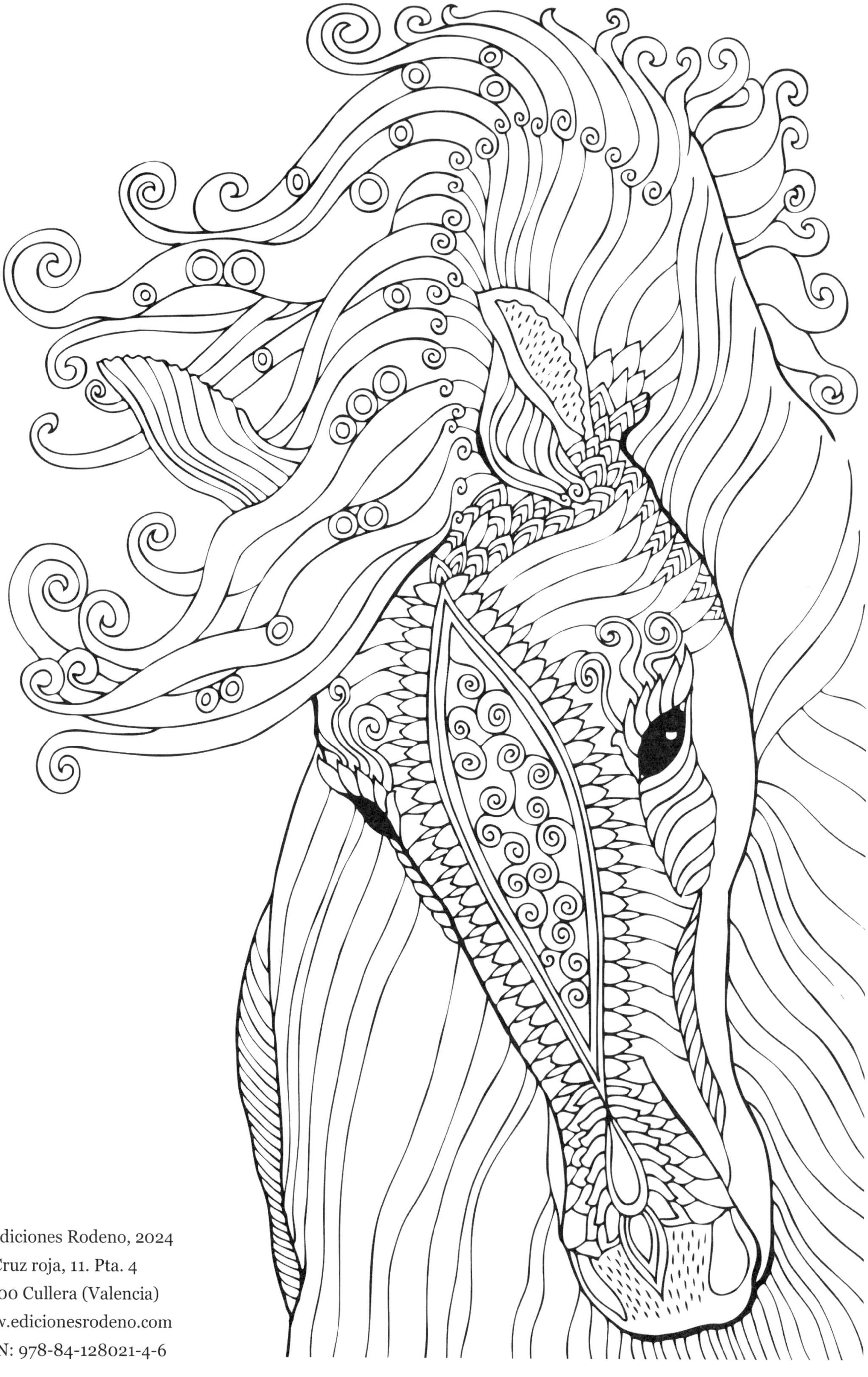

C/ Cruz roja, 11. Pta. 4
46400 Cullera (Valencia)
www.edicionesrodeno.com
ISBN: 978-84-128021-4-6

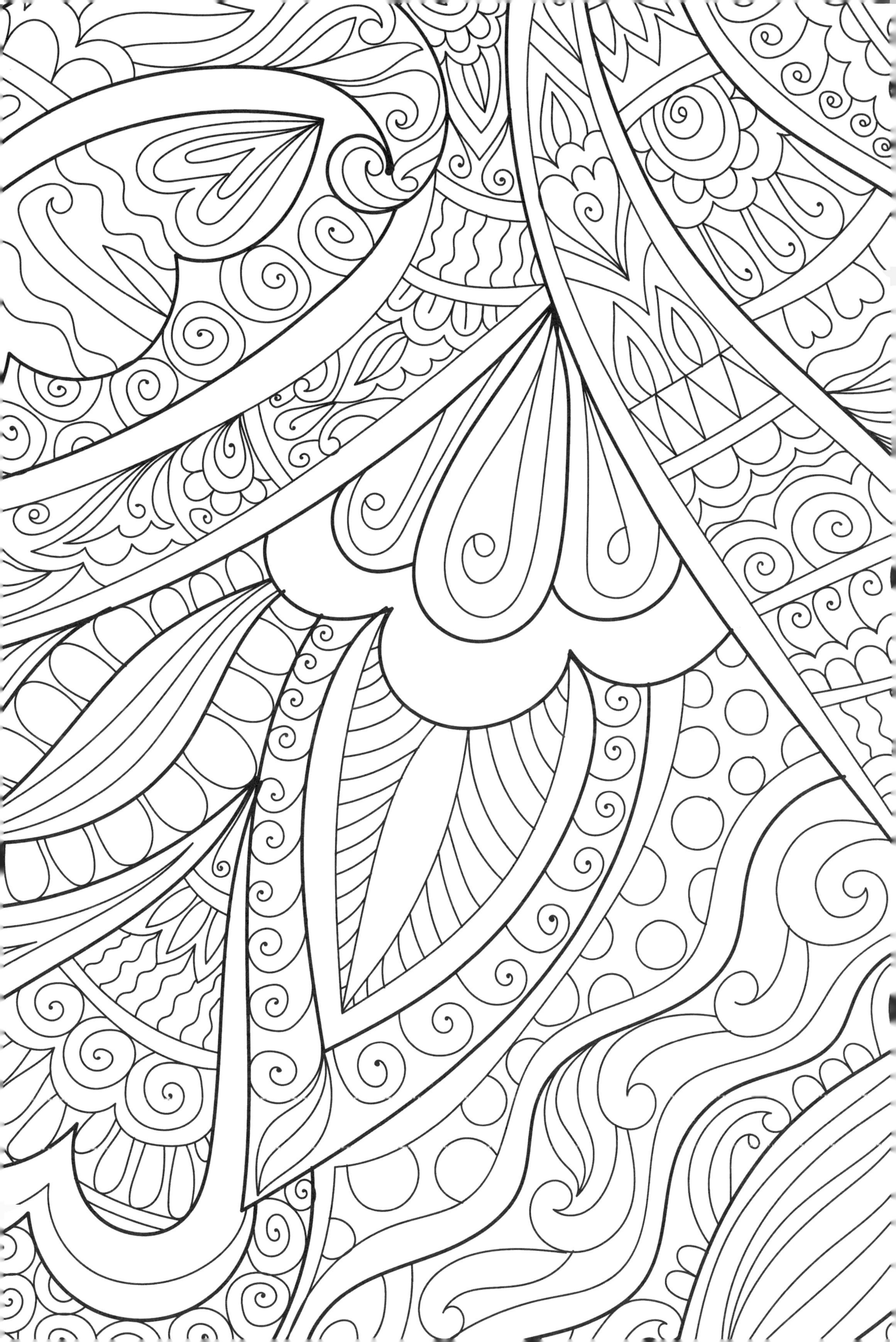

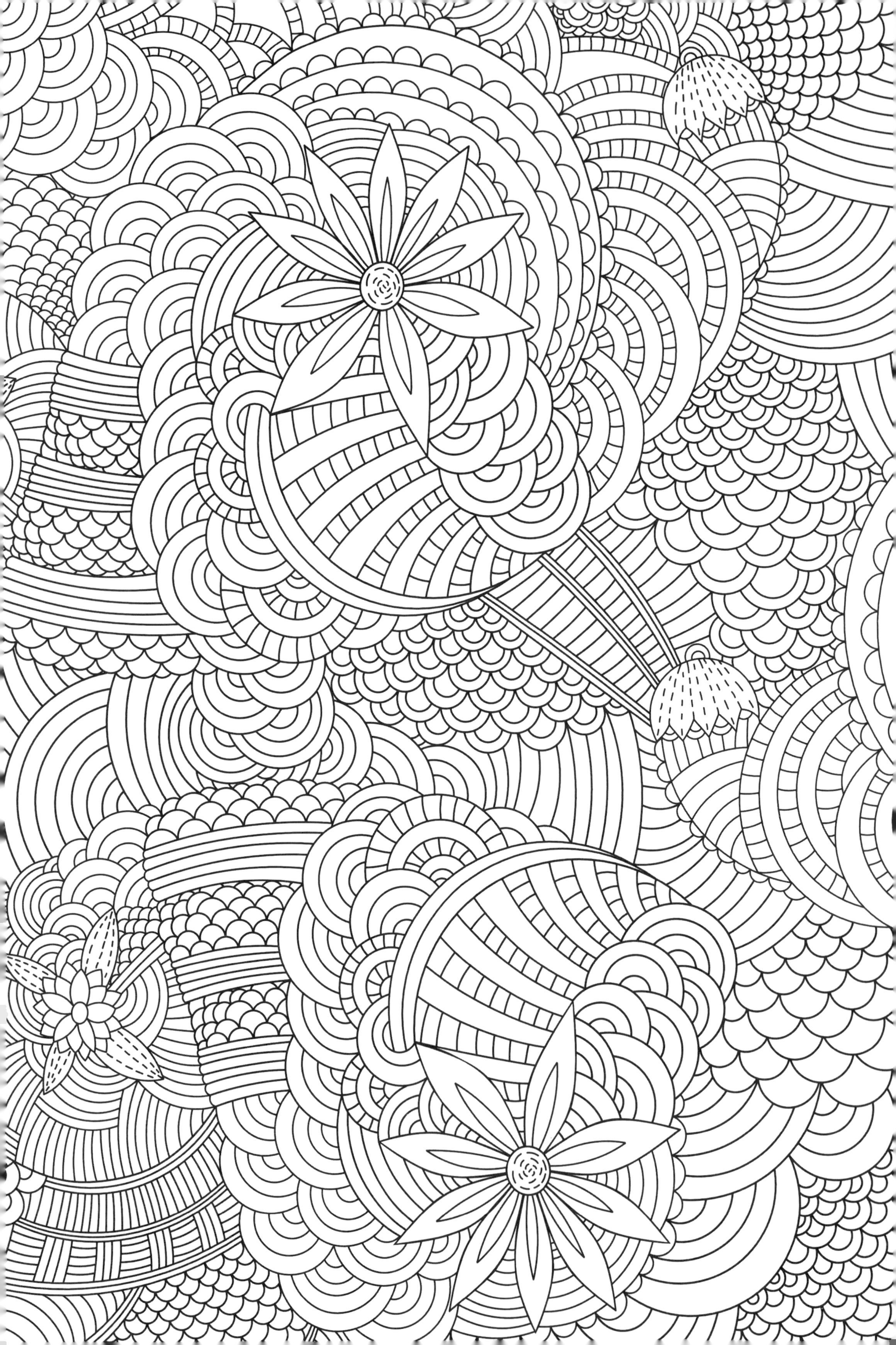

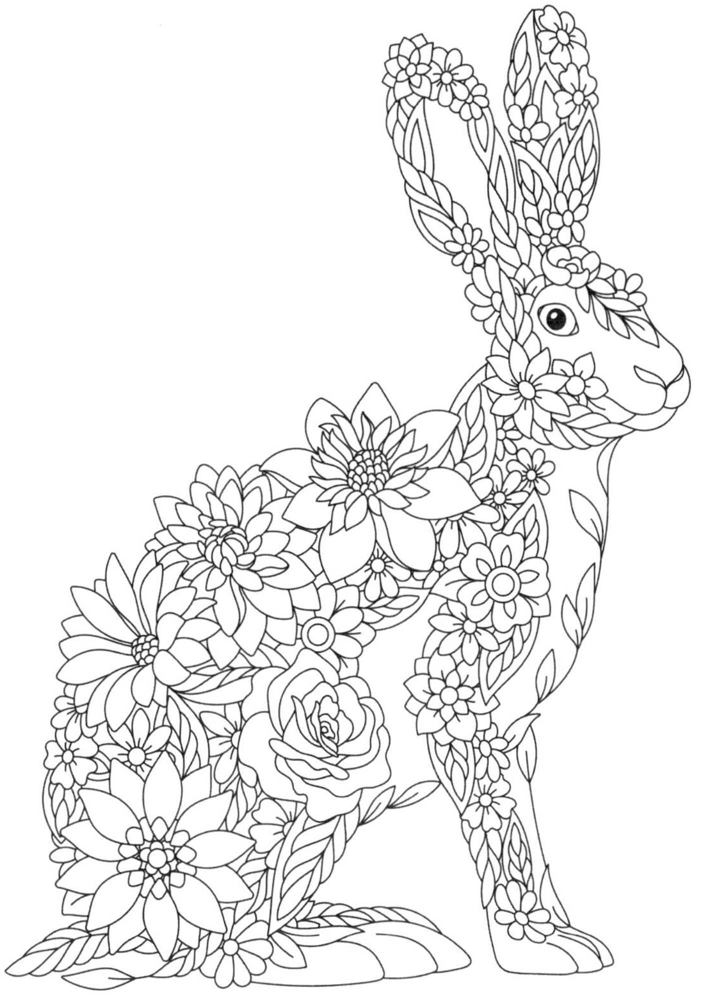

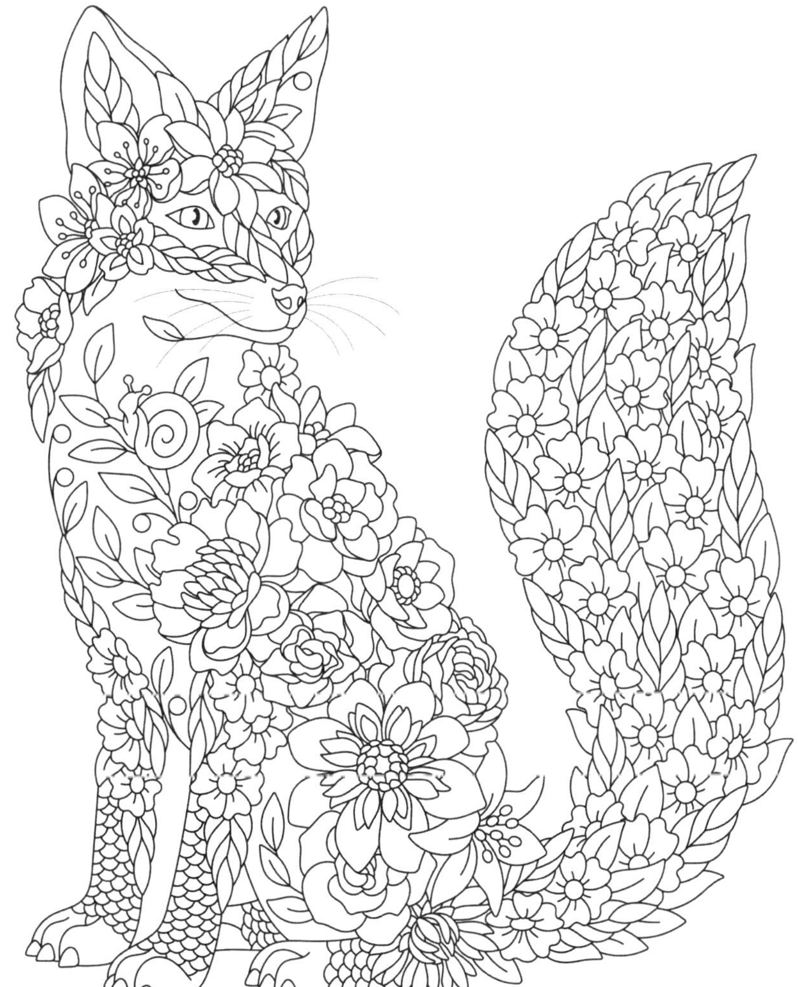

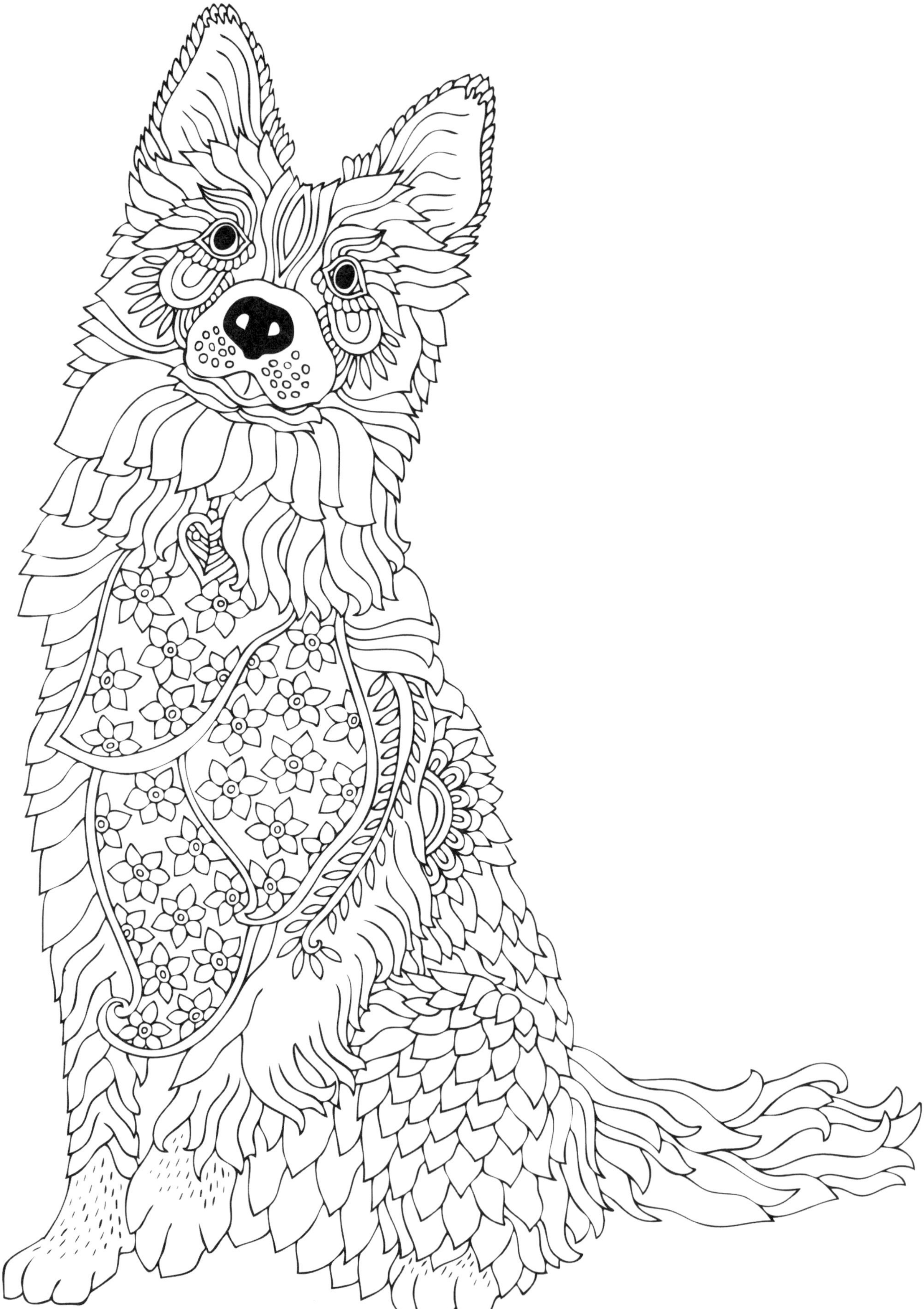

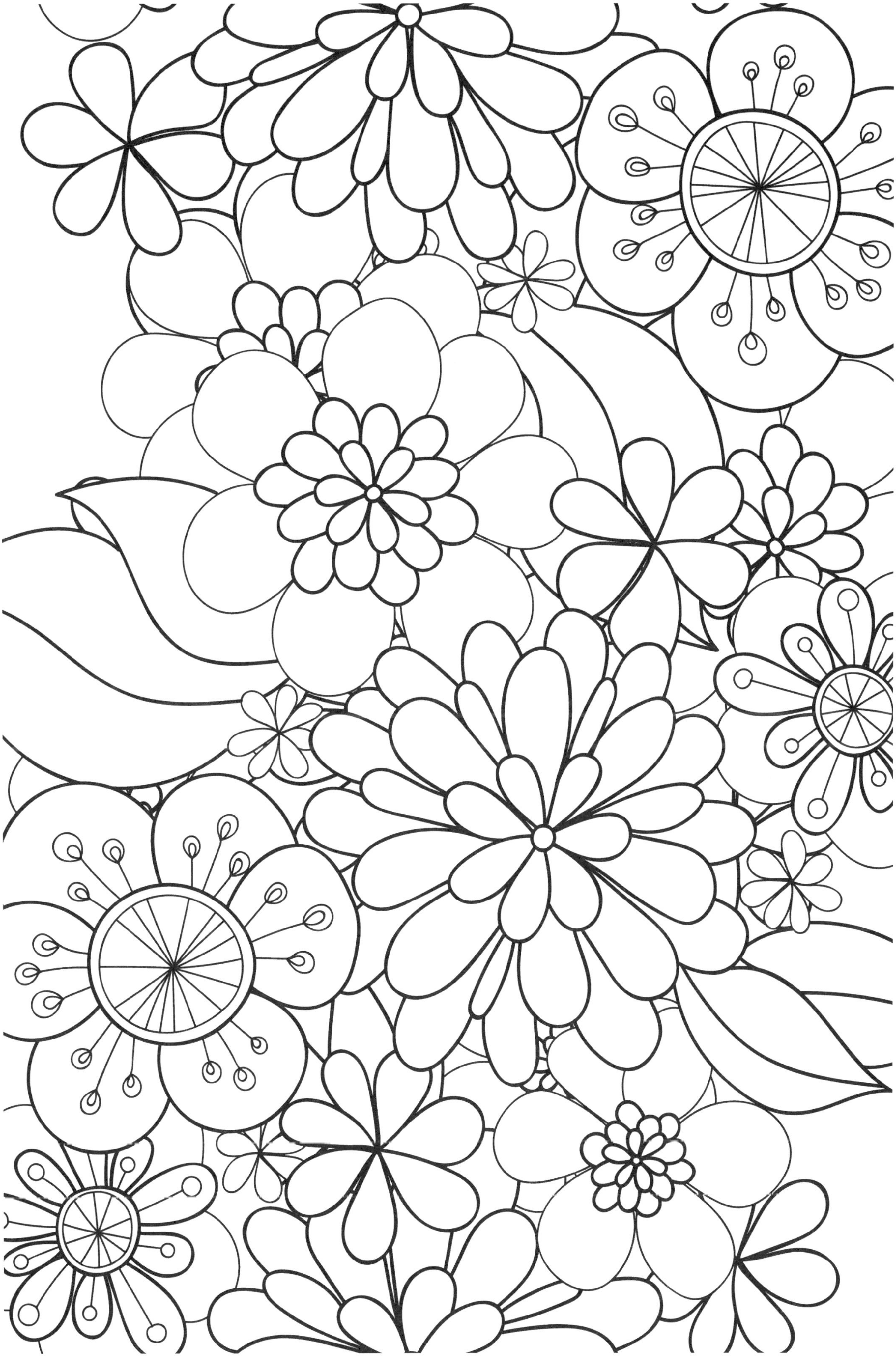

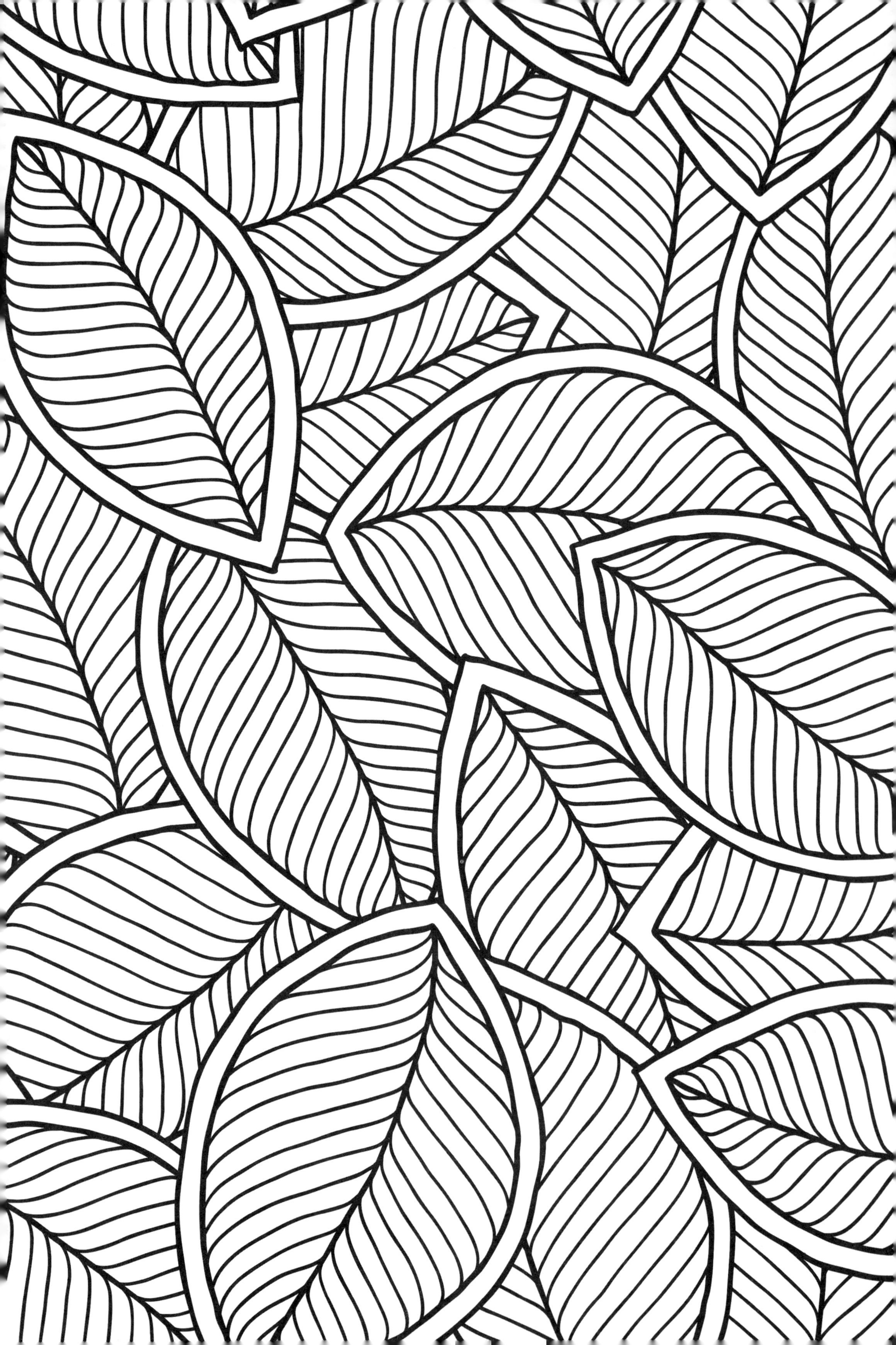

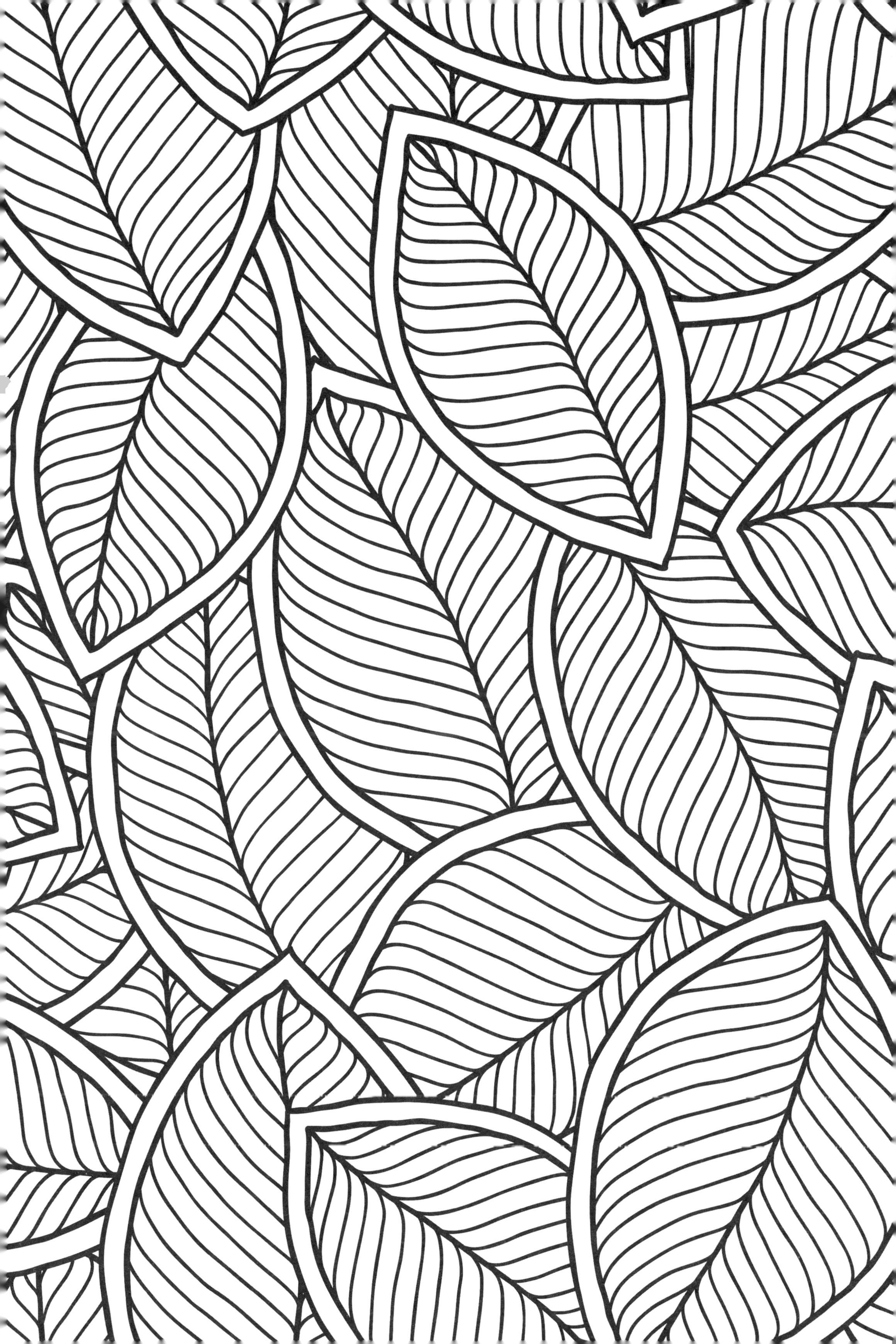

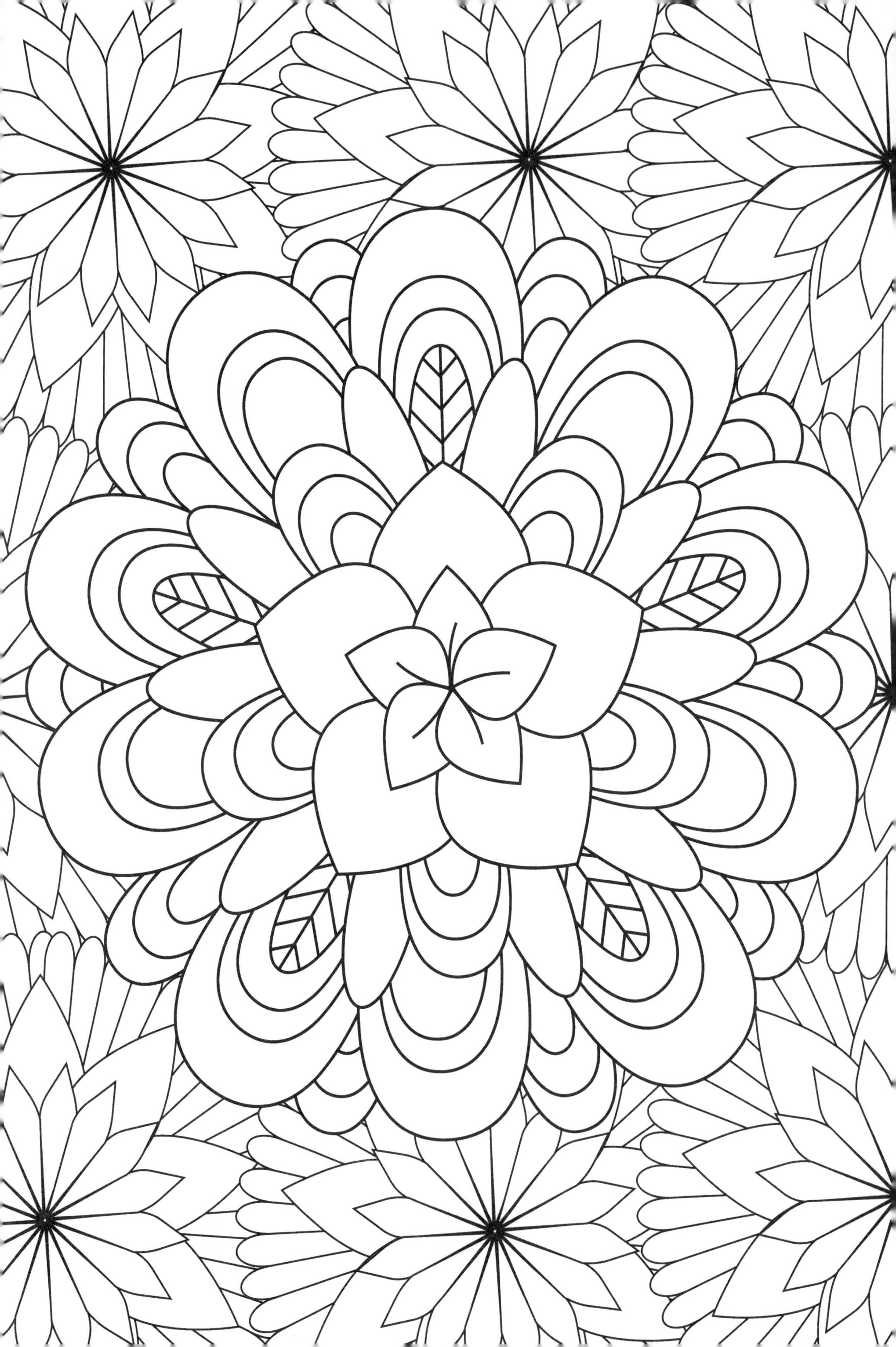

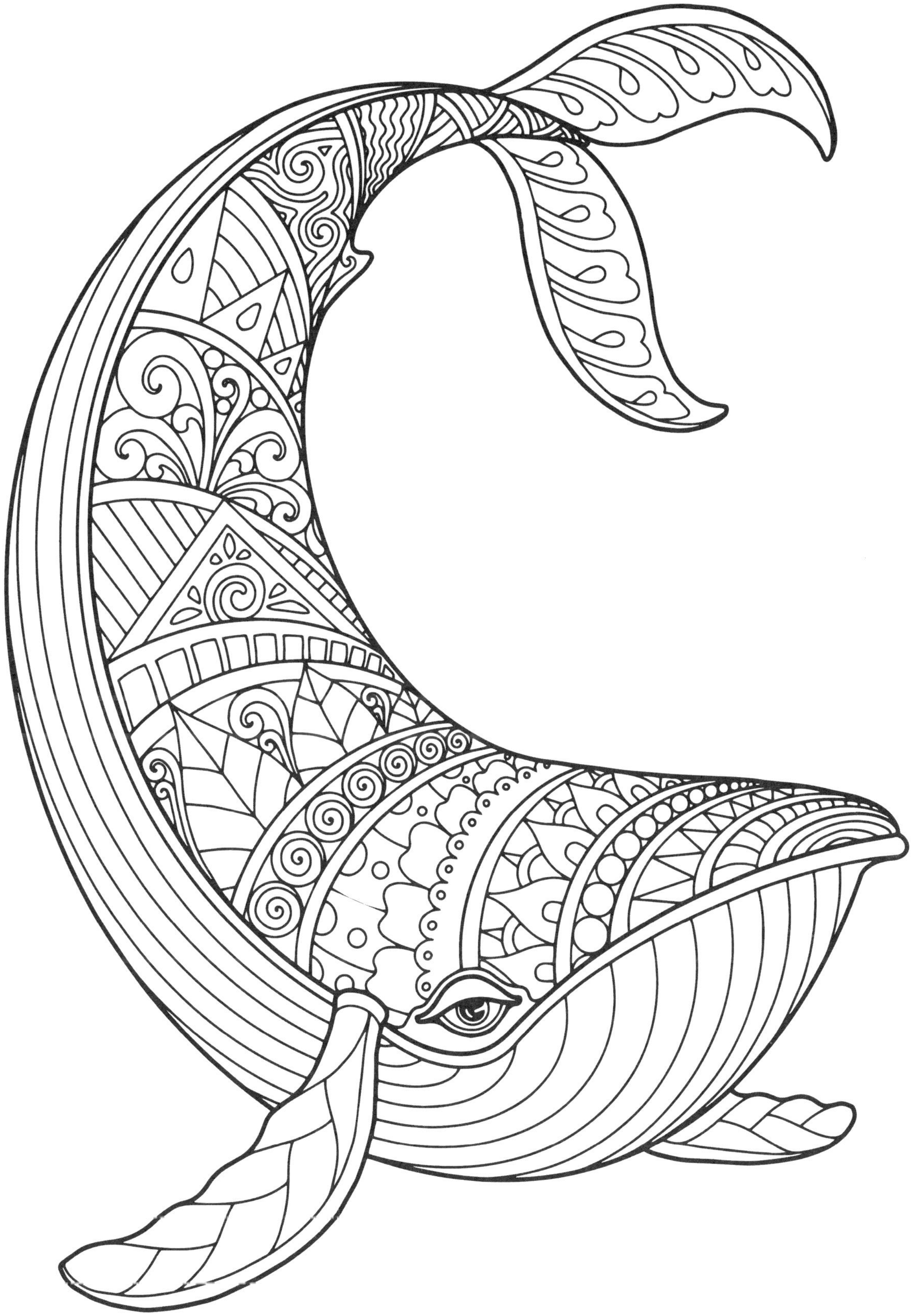

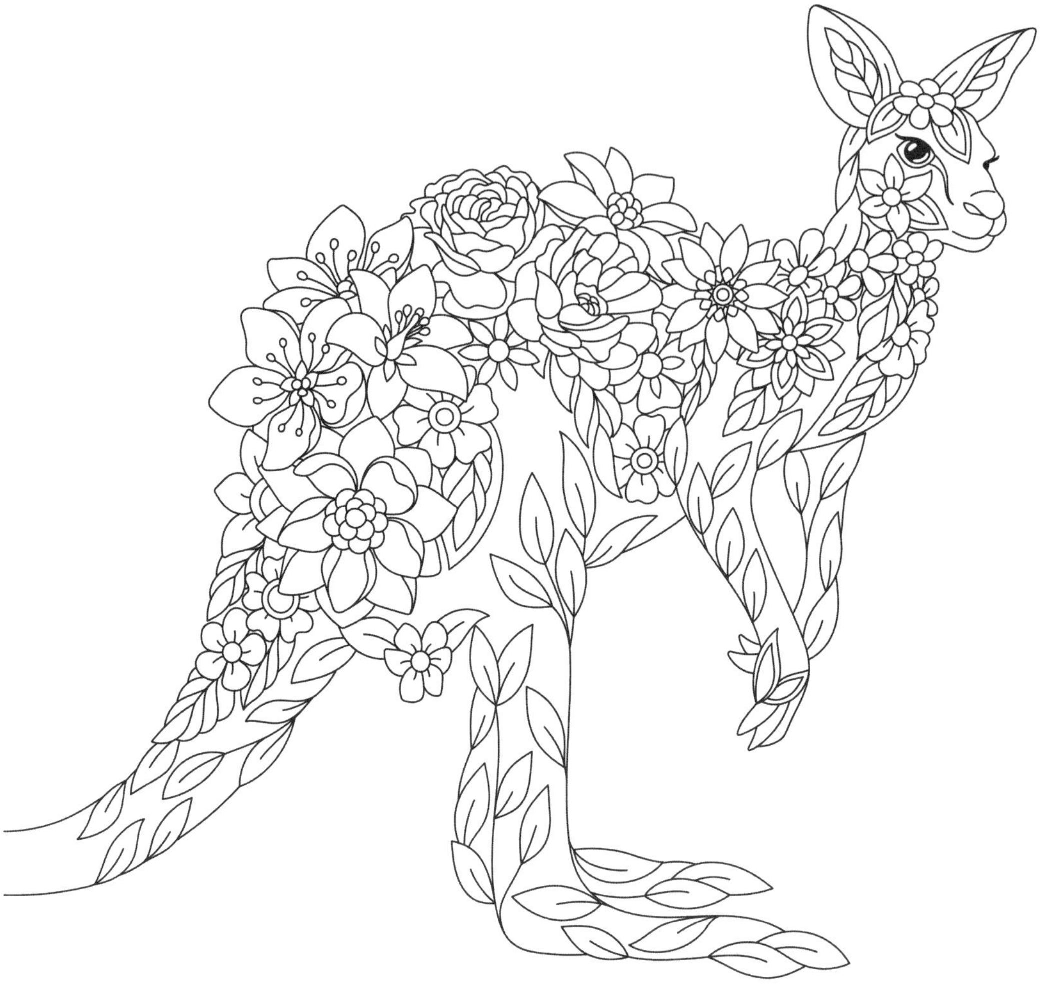

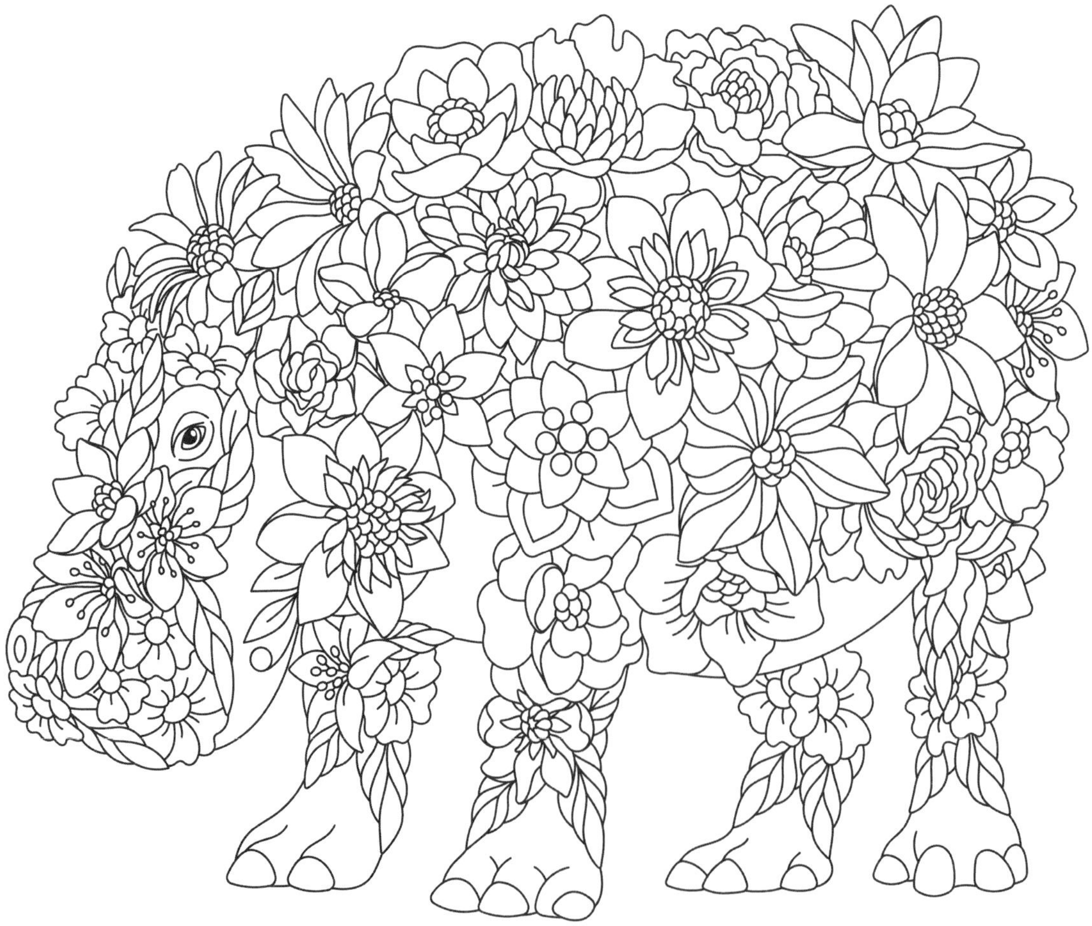

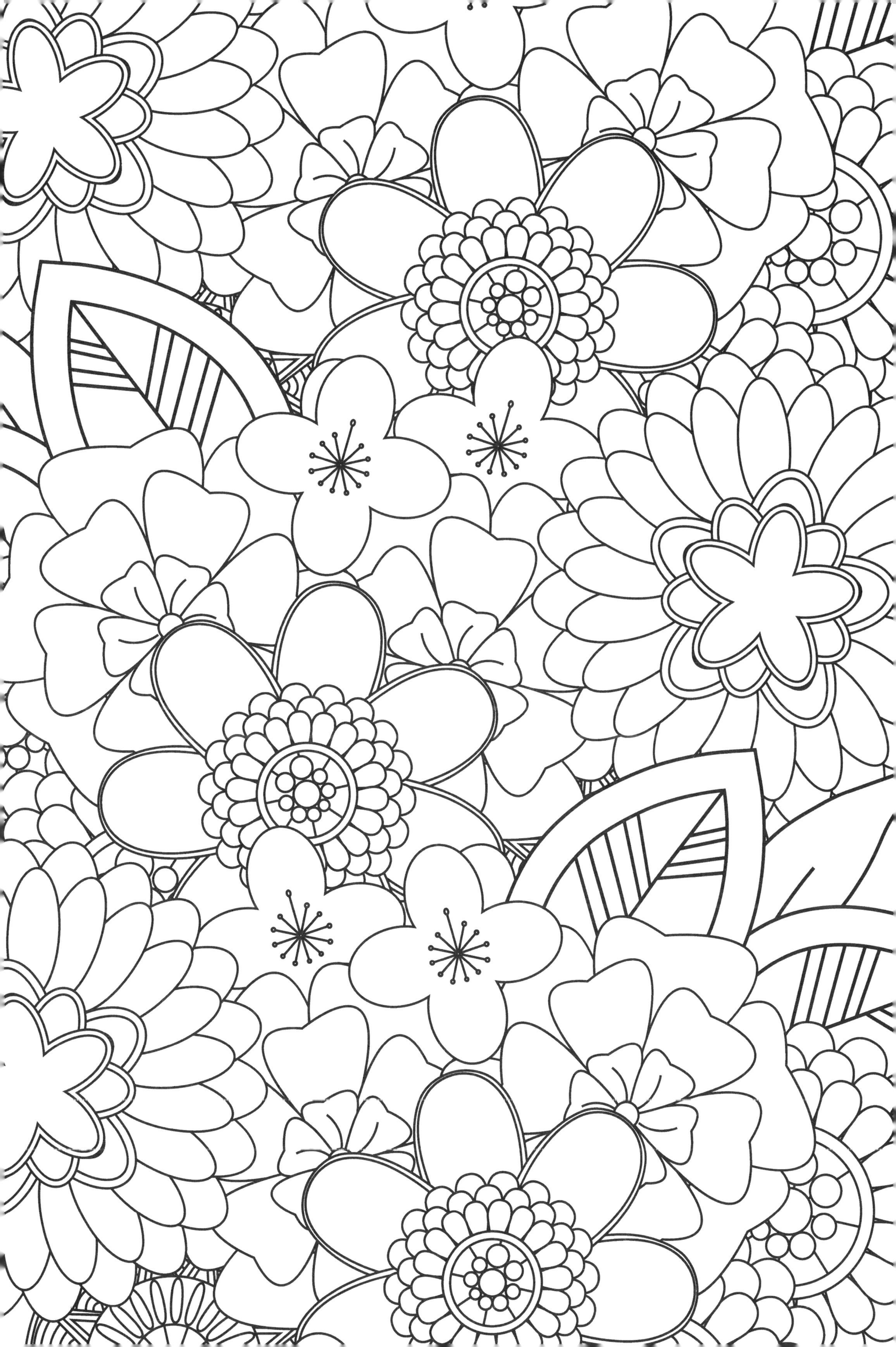

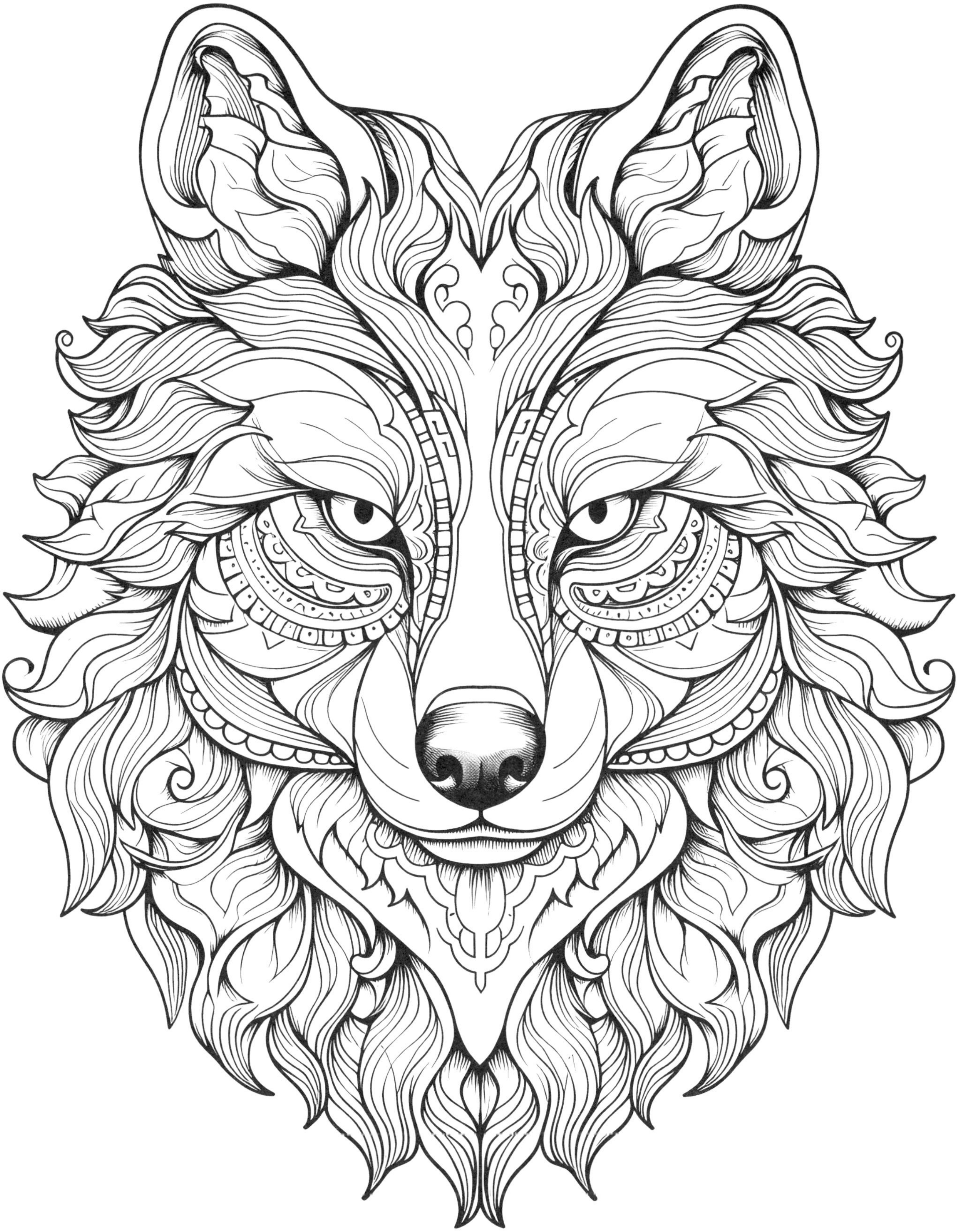

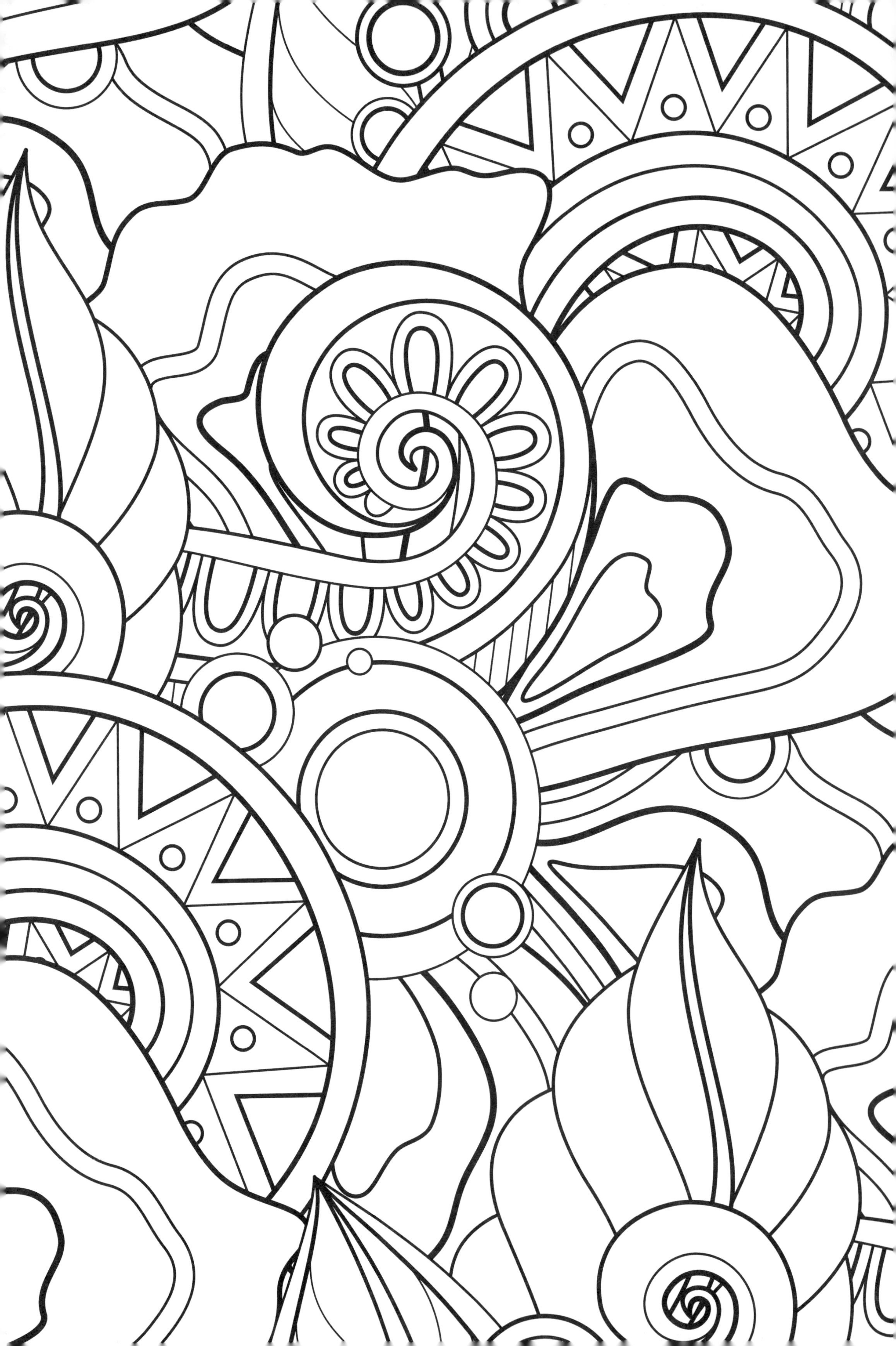

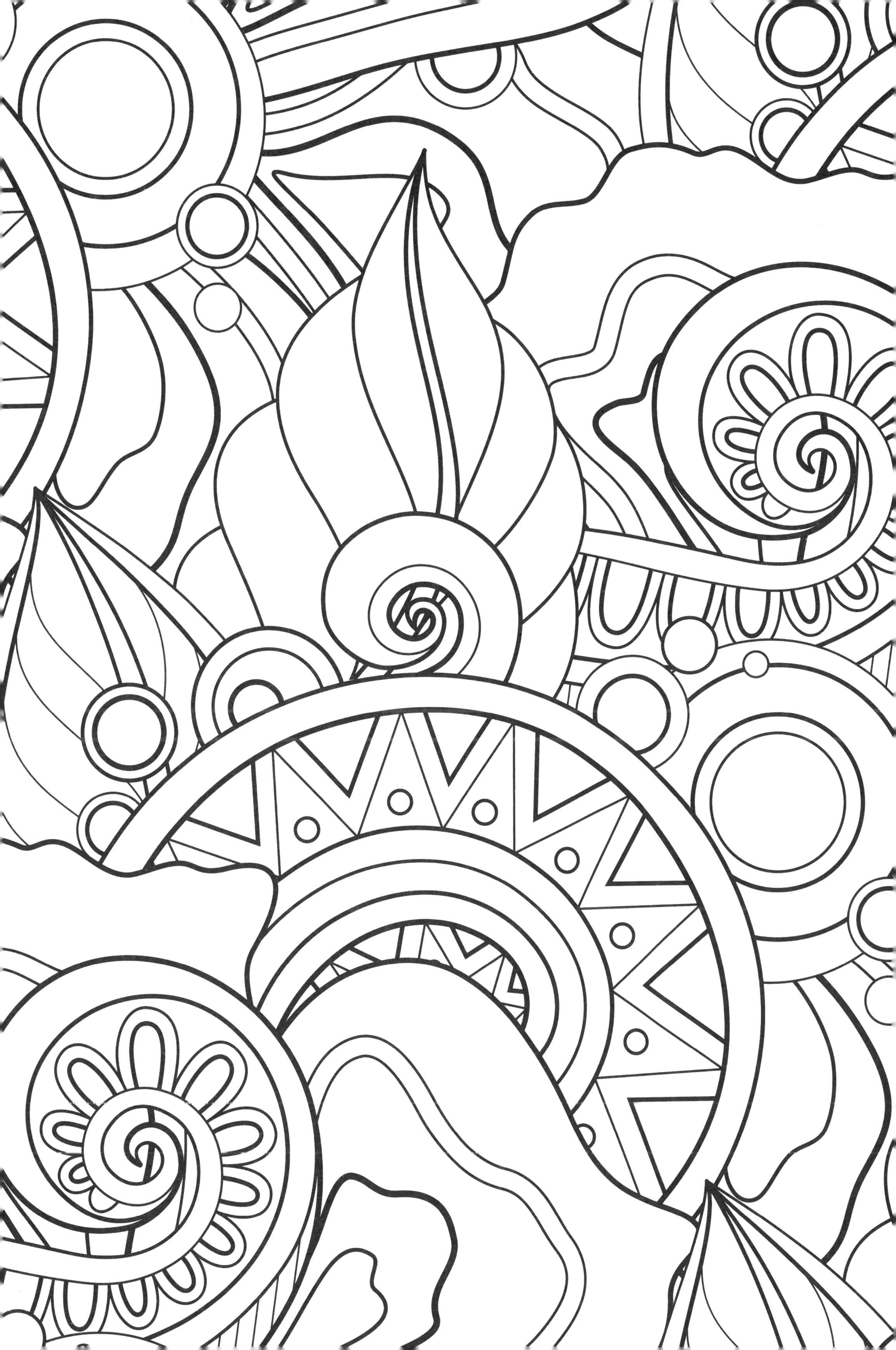

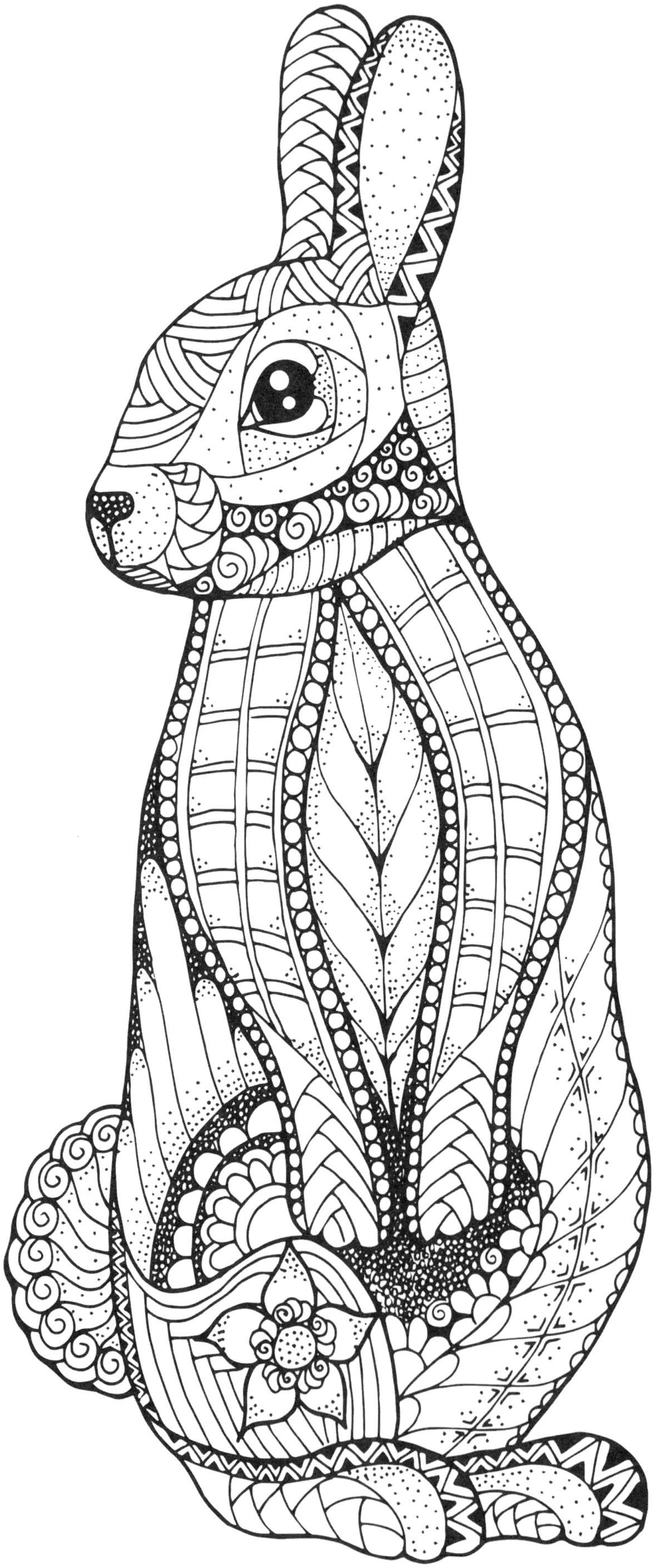

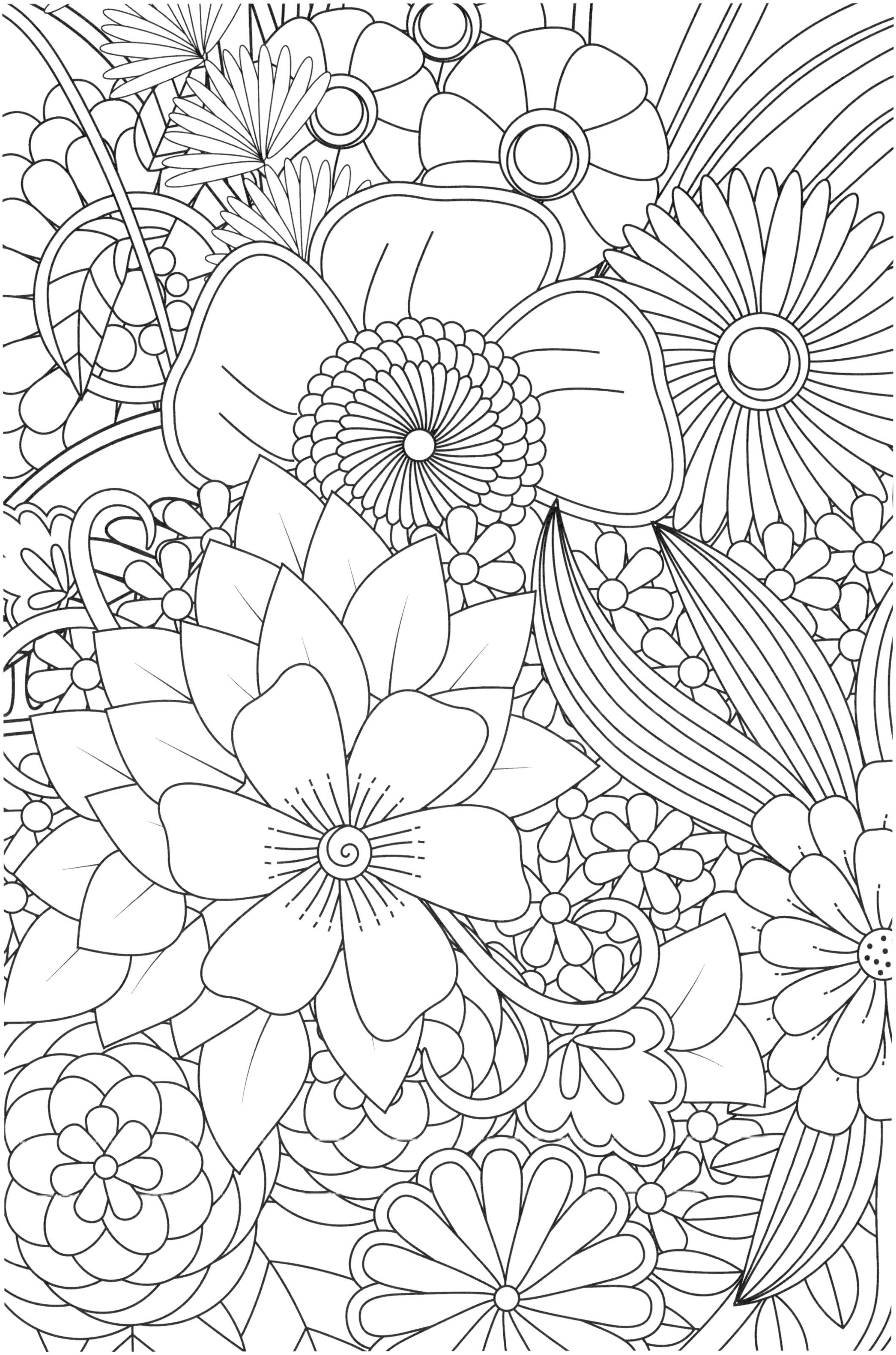

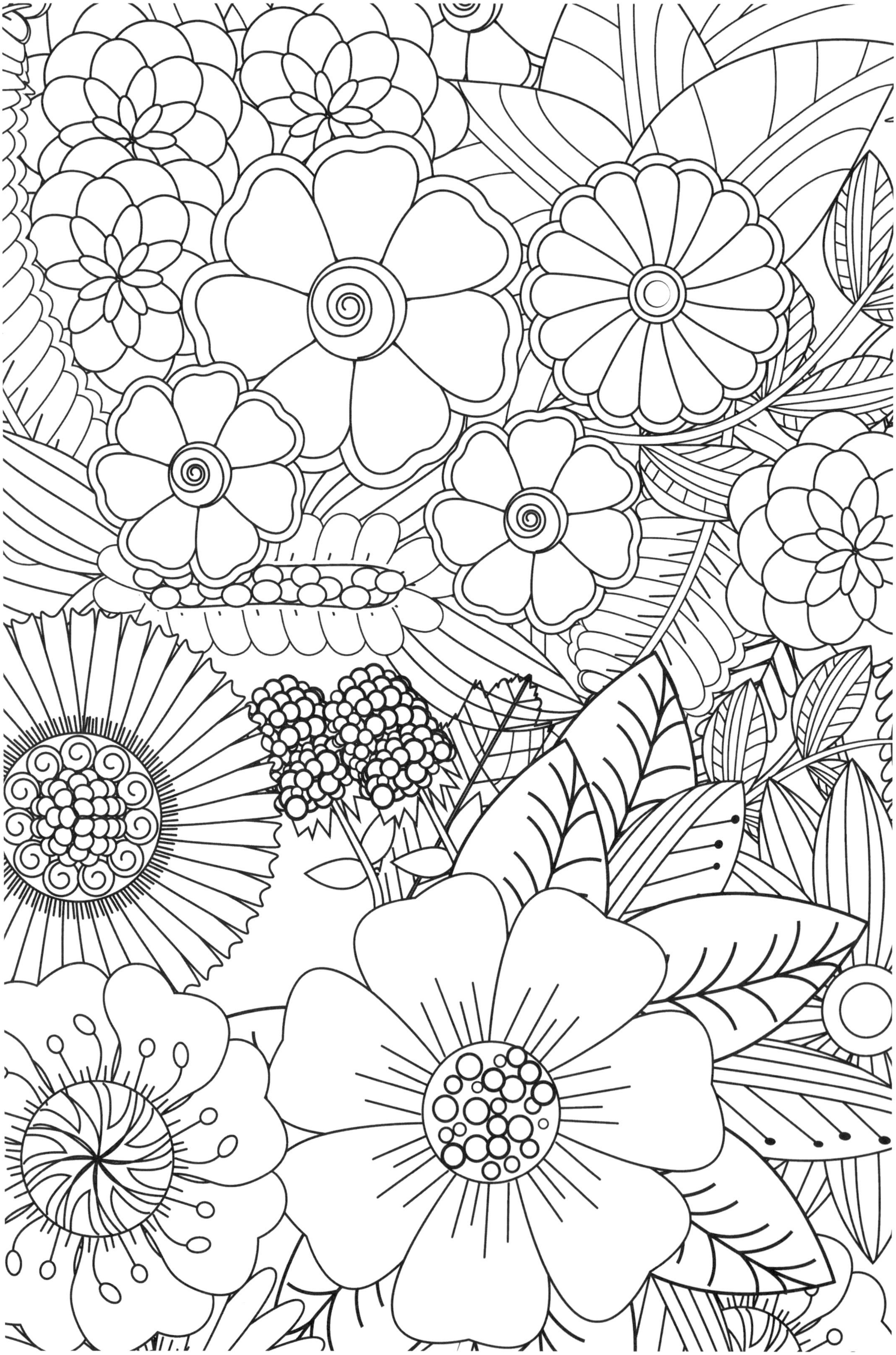

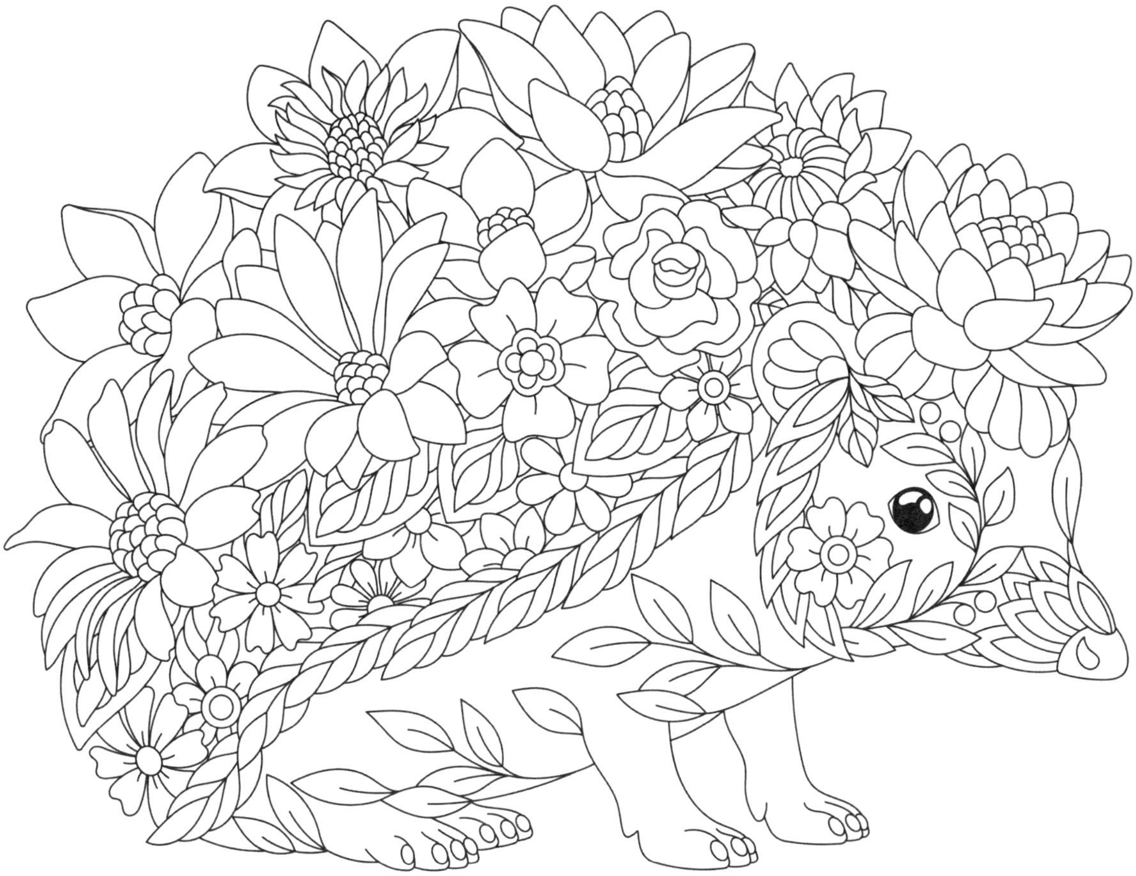

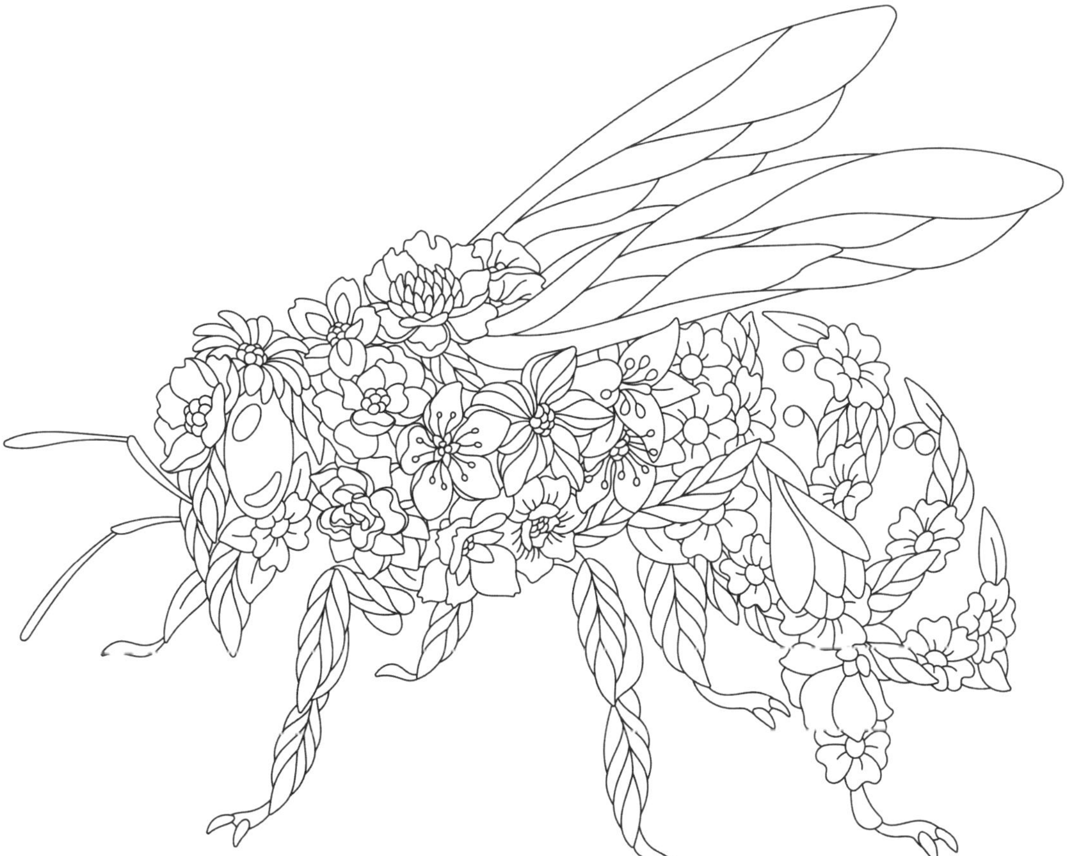

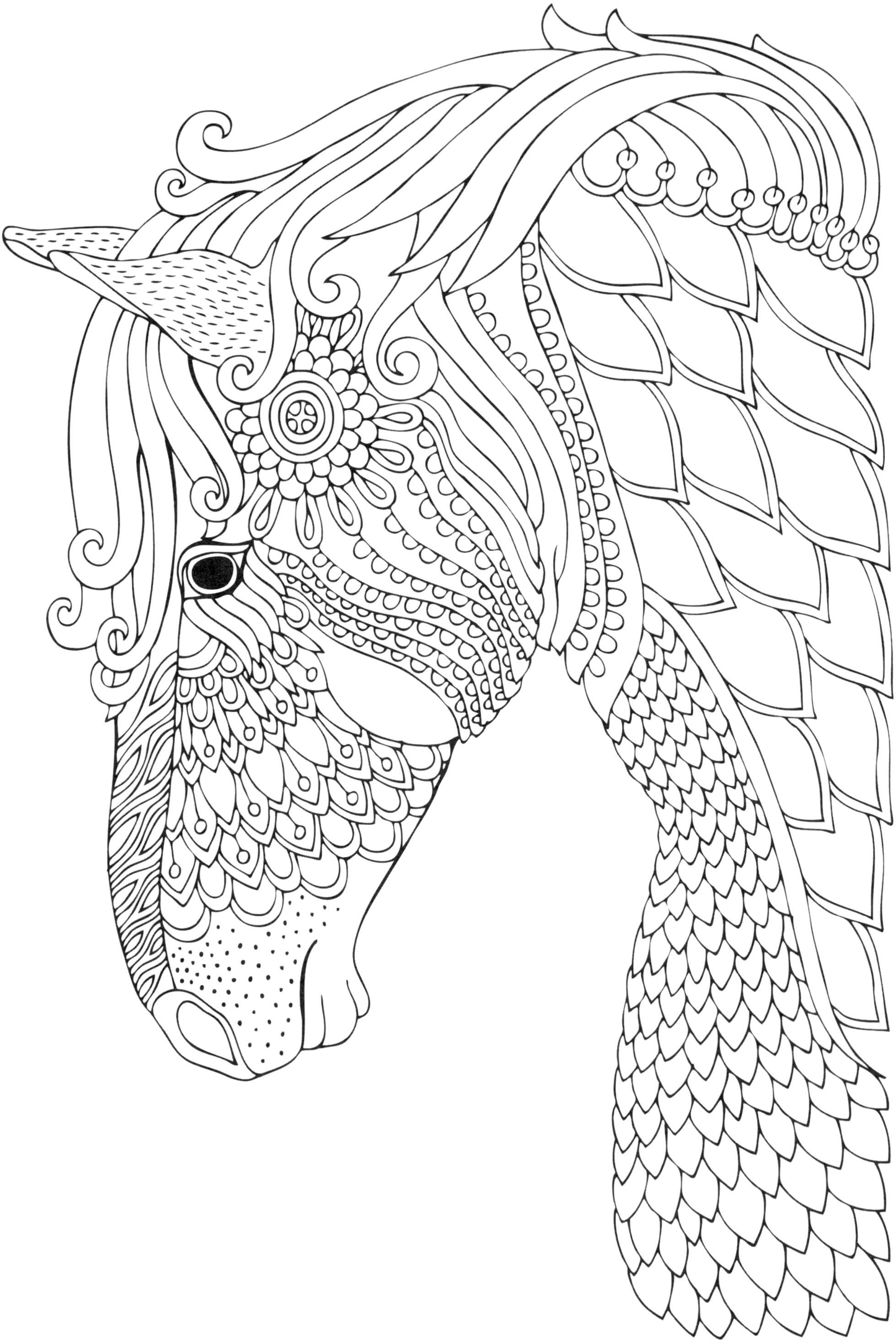

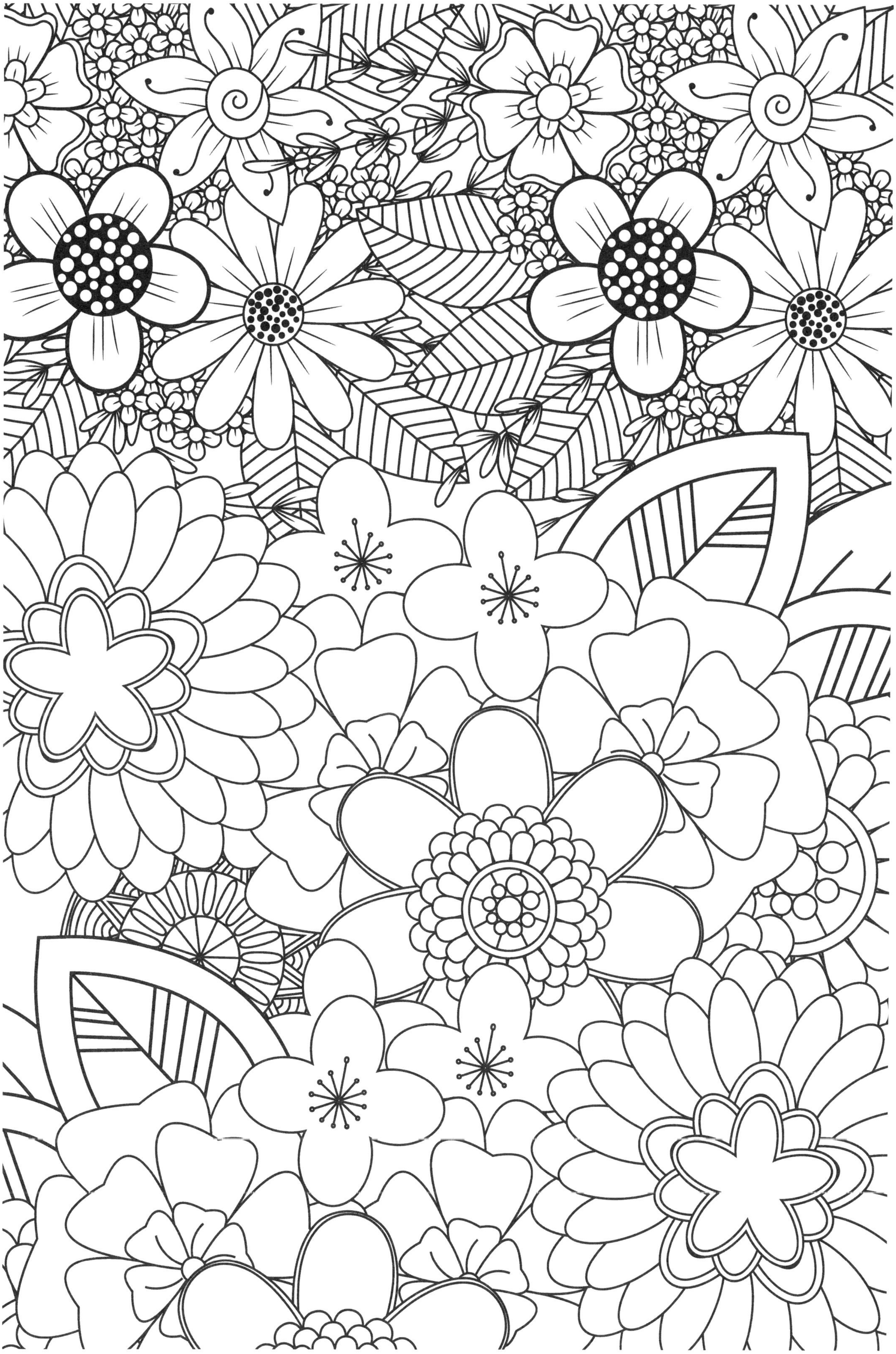

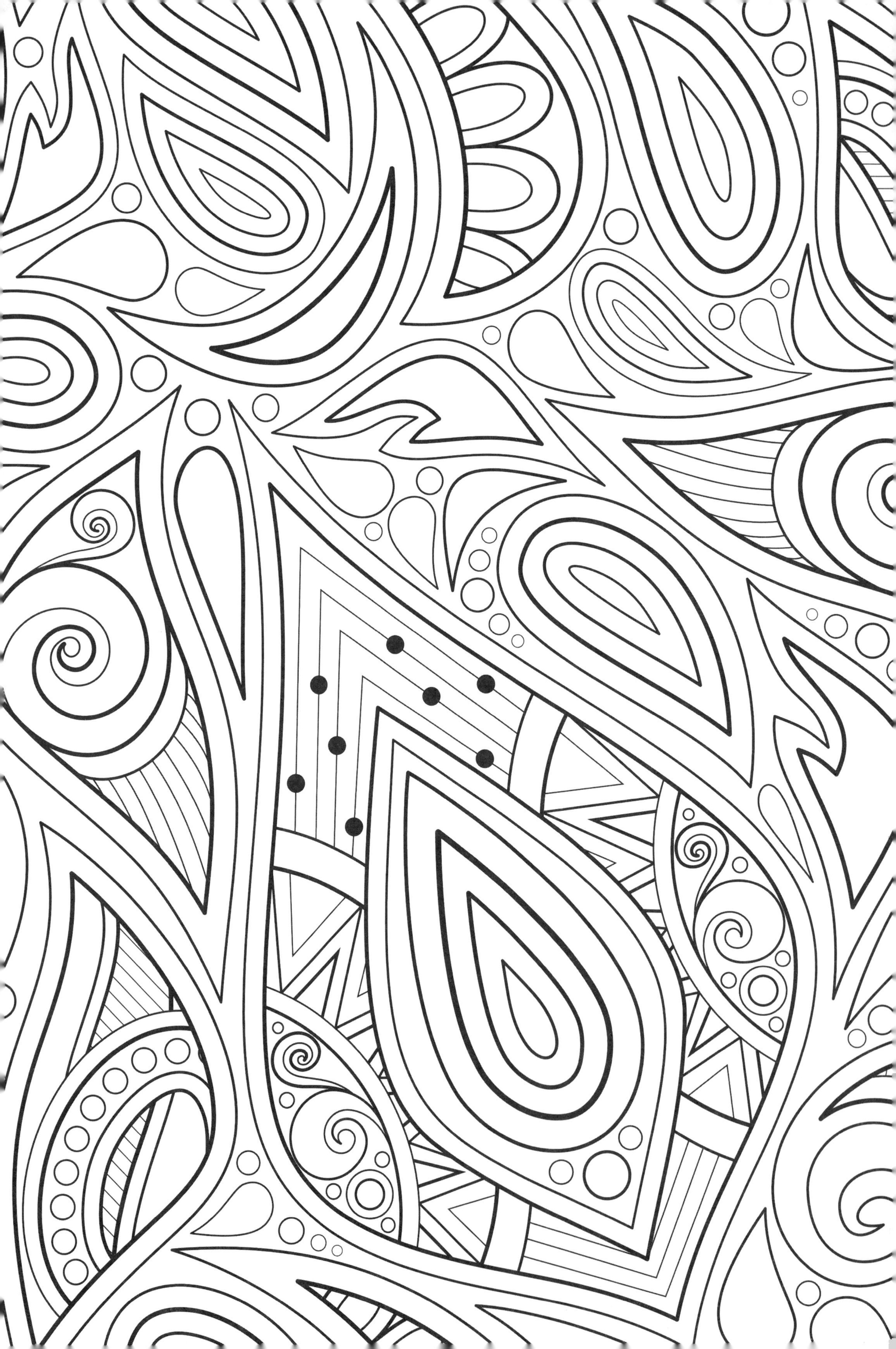

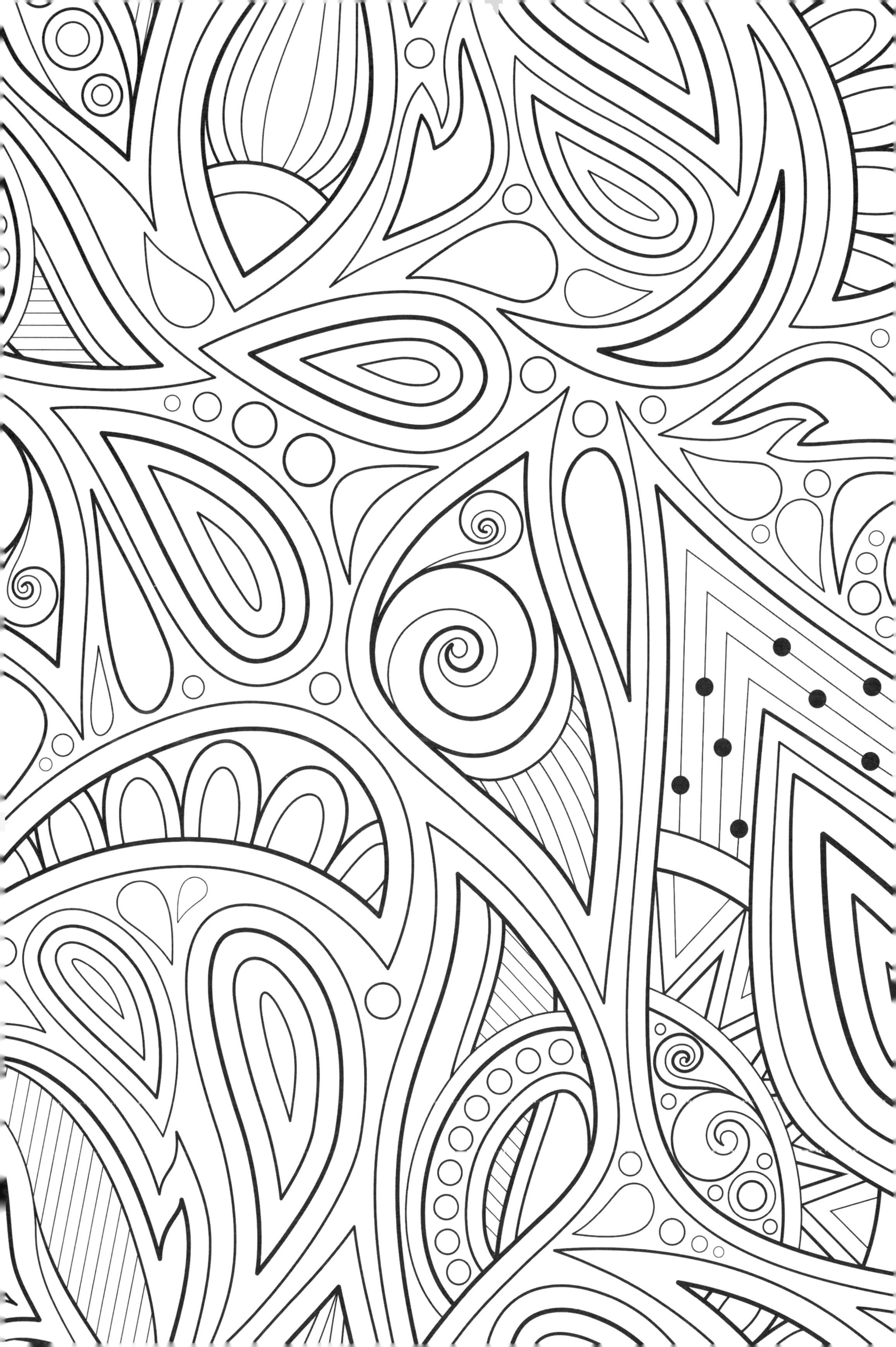

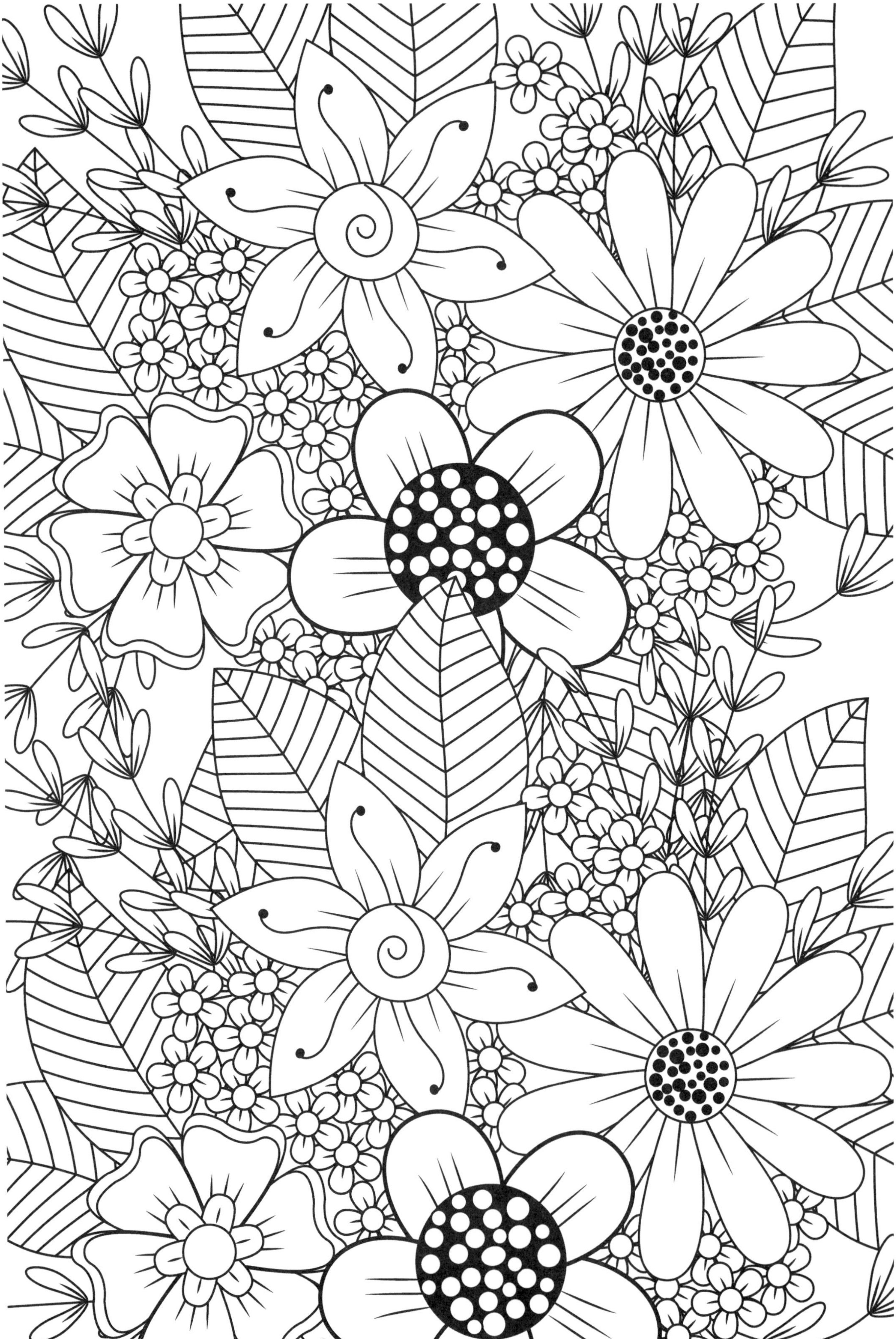

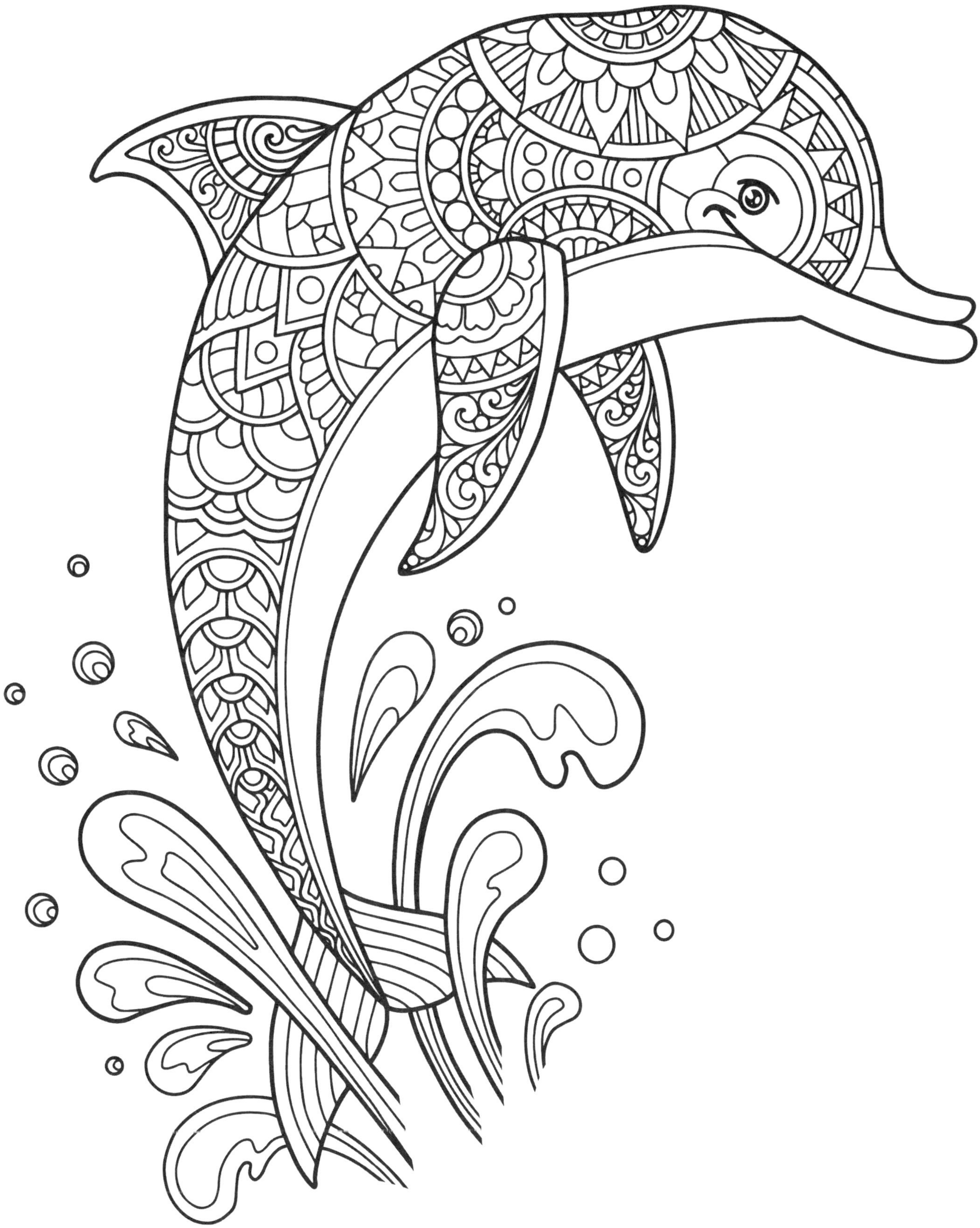

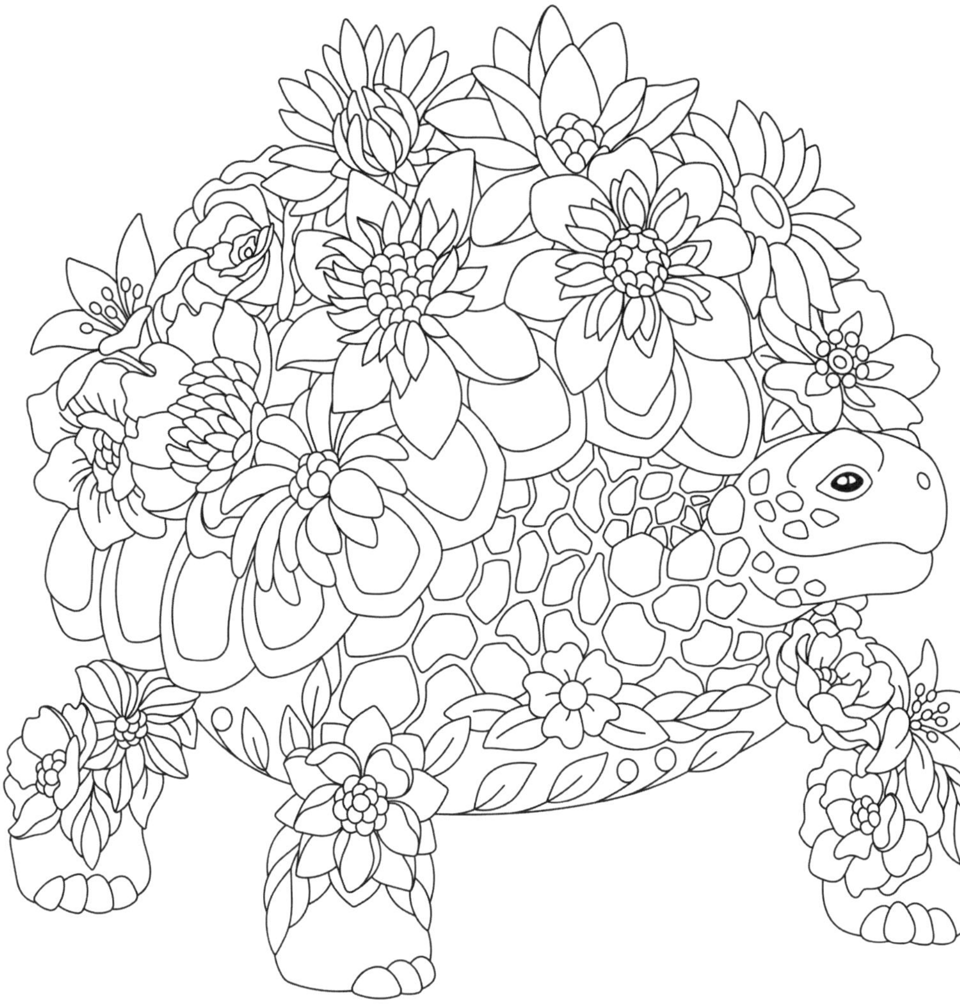

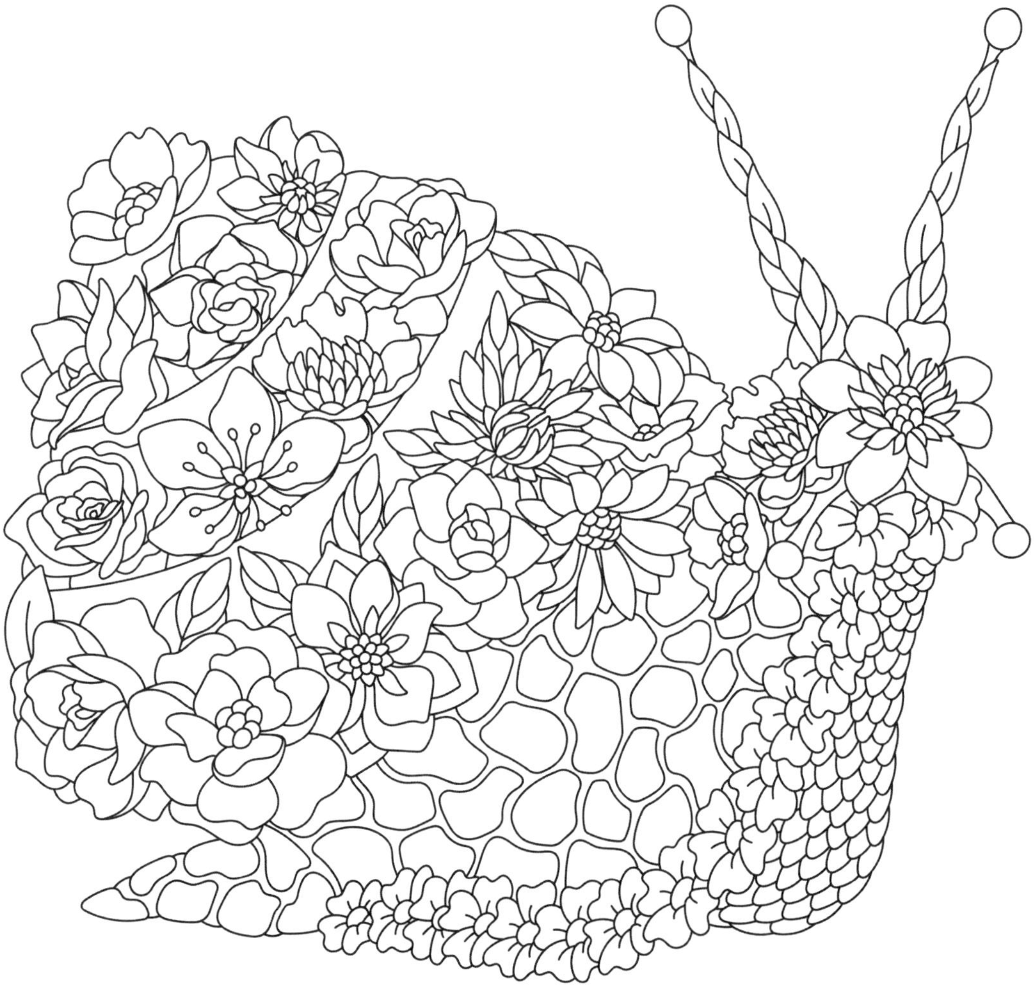

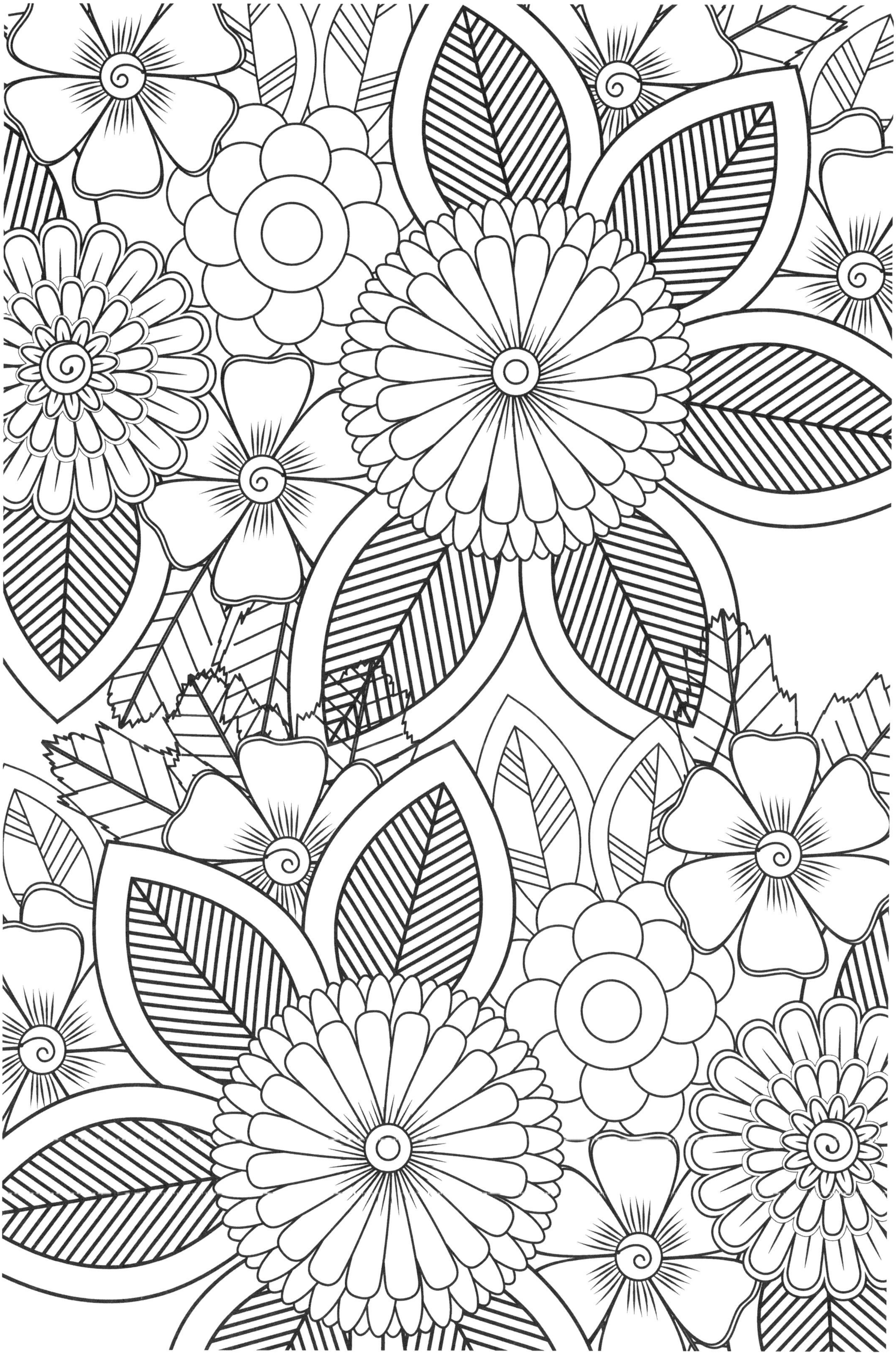

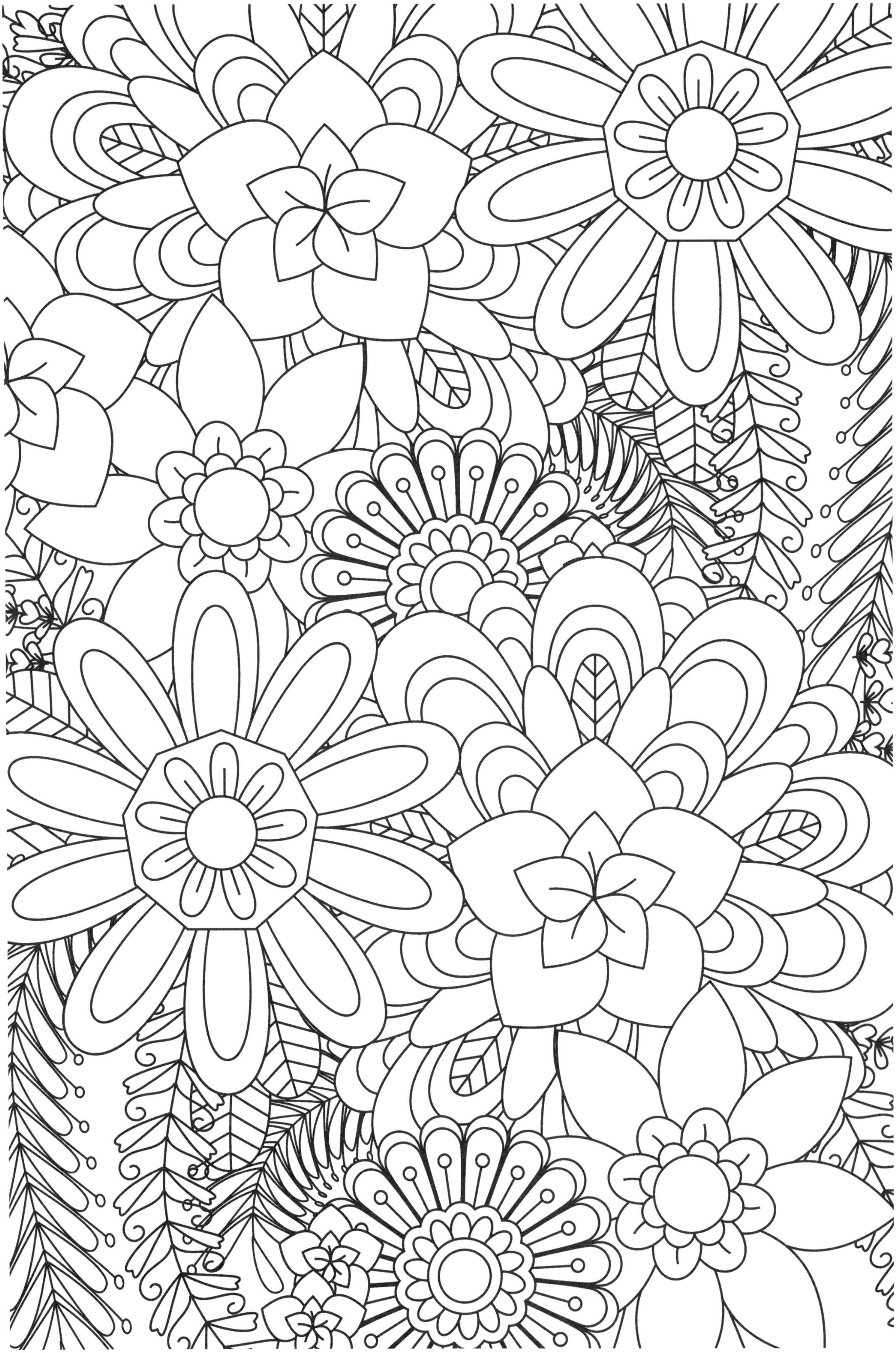

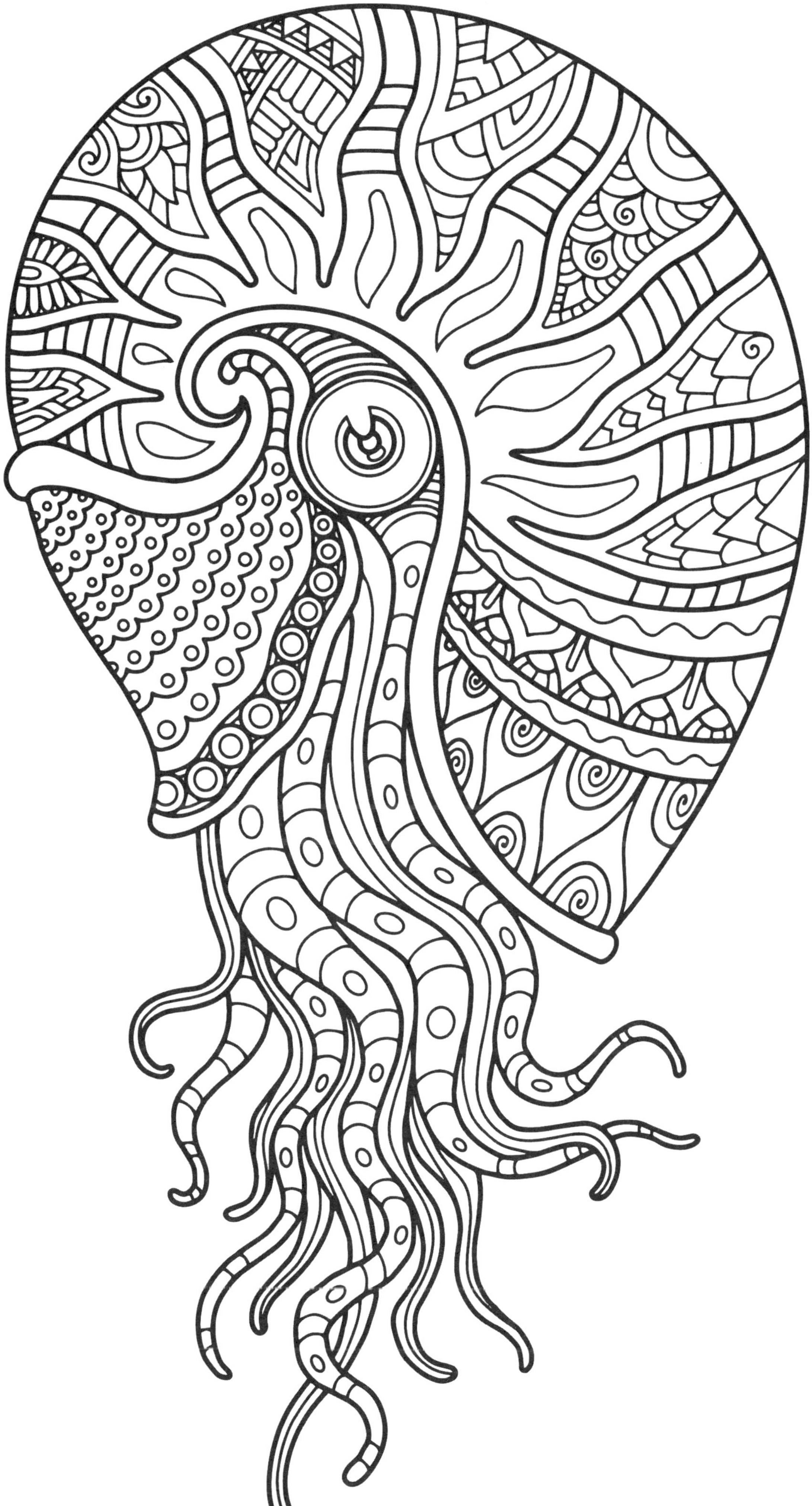

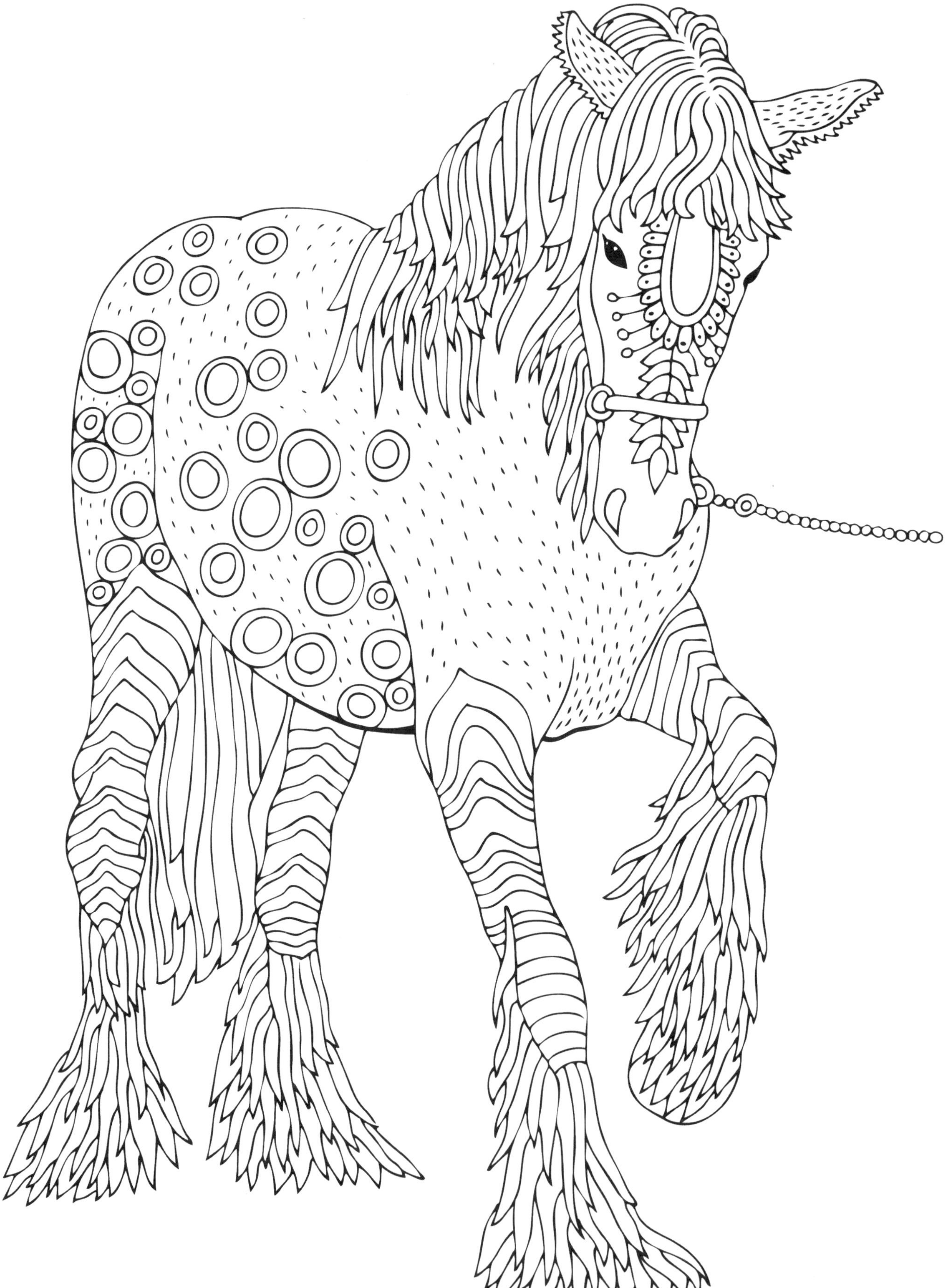